Martin Weber

Das Vaterunser

Das Gebet, das uns verbindet

BRUNNEN
Verlag GmbH · Giessen

Der Autor:
Martin Weber, Jg. 1976, ist Pfarrer in Kirchberg/Murr. Er ist verheiratet und hat vier Kinder.

Konzeption und Text: Martin Weber
Lektorat: Konstanze von der Pahlen

3. Auflage 2024

Umschlagmotiv: shutterstock
Umschlaggestaltung: Annika Mengel
Satz: Die Feder GmbH, Wetzlar
Druck: Arkadruk, Polen
ISBN 978-3-7655-0773-1

Inhalt

Verzeichnis der Abkürzungen

Altes Testament

1 Mo	Das erste Buch Mose
2 Mo	Das zweite Buch Mose
3 Mo	Das dritte Buch Mose
4 Mo	Das vierte Buch Mose
5 Mo	Das fünfte Buch Mose
Jos	Das Buch Josua
Ri	Das Buch über die Richter
Ruth	Das Buch Ruth
1 Sam	Das erste Buch Samuel
2 Sam	Das zweite Buch Samuel
1 Kön	Das erste Buch über die Könige
2 Kön	Das zweite Buch über die Könige
1 Chr	Das erste Buch der Chronik
2 Chr	Das zweite Buch der Chronik
Esra	Das Buch Esra
Neh	Das Buch Nehemia
Est	Das Buch Esther
Hiob	Das Buch Hiob
Ps	Die Psalmen
Spr	Die Sammlung der Sprüche
Pred	Der Prediger Salomo
Hld	Das Hohelied
Jes	Der Prophet Jesaja
Jer	Der Prophet Jeremia
Klgl	Die Klagelieder des Jeremia
Hes	Der Prophet Hesekiel
Dan	Der Prophet Daniel
Hos	Der Prophet Hosea
Joel	Der Prophet Joel
Am	Der Prophet Amos
Ob	Der Prophet Obadja
Jona	Der Prophet Jona
Mi	Der Prophet Micha
Nah	Der Prophet Nahum
Hab	Der Prophet Habakuk
Zef	Der Prophet Zefanja
Hag	Der Prophet Haggai
Sach	Der Prophet Sacharja
Mal	Der Prophet Maleachi

Neues Testament

Mt	Das Evangelium nach Matthäus
Mk	Das Evangelium nach Markus
Lk	Das Evangelium nach Lukas
Joh	Das Evangelium nach Johannes
Apg	Die Apostelgeschichte
Röm	Der Brief des Paulus an die Christen in Rom
1 Kor	Der erste Brief des Paulus an die Christen in Korinth
2 Kor	Der zweite Brief des Paulus an die Christen in Korinth
Gal	Der Brief des Paulus an die Christen in Galatien
Eph	Der Brief des Paulus an die Christen in Ephesus
Phil	Der Brief des Paulus an die Christen in Philippi
Kol	Der Brief des Paulus an die Christen in Kolossä
1 Thess	Der erste Brief des Paulus an die Christen in Thessalonich
2 Thess	Der zweite Brief des Paulus an die Christen in Thessalonich
1 Tim	Der erste Brief des Paulus an Timotheus
2 Tim	Der zweite Brief des Paulus an Timotheus
Tit	Der Brief des Paulus an Titus
Phlm	Der Brief des Paulus an Philemon
Hebr	Der Brief an die Hebräer
Jak	Der Brief des Jakobus
1 Petr	Der erste Brief des Petrus
2 Petr	Der zweite Brief des Petrus
1 Joh	Der erste Brief des Johannes
2 Joh	Der zweite Brief des Johannes
3 Joh	Der dritte Brief des Johannes
Jud	Der Brief des Judas
Offb	Die Offenbarung des Johannes

Fragen zu diesem Kurs

Zielsetzung

1. Worum geht es in diesem Kurs? Um drei Ziele, die alle wichtig sind:

a. Nahrung für die Seele. „Der Mensch lebt nicht vom Brot allein, sondern von dem Wort, das Gott spricht." In seinem Wort stellt Gott sich uns vor. Hier können wir ihn kennenlernen. Wer mehr über Gott und den christlichen Glauben erfahren will, muss sich mit der Bibel beschäftigen. Wer als Christ im Glauben wachsen will, muss sich aus dem Wort Gottes „ernähren".

b. Gemeinschaft. Im Gespräch über Glaubensfragen und Lebenserfahrungen kommen wir einander näher und können zu einer tragfähigen Gemeinschaft zusammenwachsen.

c. Wachstum der Gruppe. Dieser Kurs wendet sich auch an Menschen, die bisher mit der Bibel wenig in Berührung gekommen sind. Wenn Sie immer wieder andere zu Ihren Treffen einladen, kann die Gruppe wachsen, bis eine Teilung nötig wird. Beide neuen Kreise sollen wieder wachsen, bis sie zu groß sind und sich teilen – und so weiter.

Teilnehmer

2. Für wen soll dieser Gesprächskreis sein?
• Für Menschen, die sich – neu oder wieder – intensiver mit dem christlichen Glauben beschäftigen wollen.
• Für Menschen, denen Kirche und Glaube fremd geworden sind, die aber nach einem neuen Zugang zum Glauben suchen.
• Für Menschen, die mit Schwierigkeiten zu kämpfen haben und eine Gruppe suchen, die Unterstützung und Zusammenhalt bieten kann.
• Für Menschen, die angesichts vieler Unsicherheiten nach einer tragfähigen Hoffnung suchen.
• Für Menschen, die im Gespräch über Glaubensfragen und im Gebet füreinander in ihrem Glauben wachsen möchten.

Der erste Schritt

3. Wie sollen wir anfangen? Machen Sie sich eine Liste mit den Namen, die Ihnen jetzt als mögliche Teilnehmer einfallen. Suchen Sie sich einen Platz, an dem Sie die Liste täglich vor Augen haben. Lassen Sie sie dort, bis Sie alle, die Sie auf Ihrer Liste notiert haben, gefragt haben, ob sie Interesse an einem solchen Gesprächskreis haben.

Das erste Treffen

4. Was geschieht beim ersten Treffen? Sie treffen eine Vereinbarung darüber, was Sie in den nächsten Wochen gemeinsam tun wollen. Sie fasst Ihre Erwartungen und „Spielregeln" für die Gruppe zusammen.

Spielregeln

5. Wie entsteht die Vereinbarung? Sprechen Sie über die nachfolgenden Fragen, und notieren Sie die Punkte, bei denen Sie Einigung erzielen. So können Sie am Ende des Kurses gut beurteilen, ob Sie Ihre Ziele erreicht haben.
• Was ist der Zweck Ihrer Treffen?
• Wie oft wollen Sie sich treffen? (Dieser Kurs bietet Ihnen Gesprächsanregungen für sieben Treffen. Wenn Sie danach weiterhin zusammenkommen wollen, verlängern Sie einfach Ihre Vereinbarung.)

- Wo wollen Sie sich treffen?
- Um welche Uhrzeit sollen die Treffen beginnen?
- Wie lange sollen sie dauern?
- Möchten Sie Getränke und etwas zum Knabbern bereitstellen? Wer ist dafür zuständig?

Hilfreich ist es, wenn Sie außerdem Regeln für das Gespräch in der Gruppe vereinbaren. Dazu könnten folgende Vereinbarungen gehören:
- Was in diesem Kreis gesagt wird, ist vertraulich und wird nicht nach außen getragen.
- Wir reden nicht übereinander, sondern miteinander.
- Gesprächsbeiträge werden nicht bewertet; jeder Teilnehmer wird mit seiner Meinung ernst genommen.
- Es gibt keine „unmöglichen" Positionen. Wenn es Meinungsunterschiede gibt, begründet jeder seine eigene Sicht.

- ____________________

____

____

____

____

Sie können ergänzen, was Ihnen sonst noch für Ihre Gruppe wichtig erscheint.

Zeitlicher Rahmen

6. Wie lange dauert ein Treffen? Die Mindestzeitangaben für die einzelnen Bausteine des Treffens sind für Gruppen gedacht, die nur eine Stunde zusammen sein können. Wenn Sie mehr Zeit zur Verfügung haben, verlängern Sie die angegebenen Zeiten einfach entsprechend.

Gesprächsinhalt

7. Was wird bei den Treffen besprochen? Fast jeder kennt es, doch verstehen wir auch, was wir da sagen, wenn wir das Vaterunser beten? Gemeinsam wollen wir uns auf die Suche machen, dieses bekannte Gebet neu zu entdecken. Weil die Bibel am besten mit der Bibel auszulegen ist, werden Geschichten und Texte aus der Bibel herangezogen, um den Sinn und Gehalt der einzelnen Vaterunser-Bitten zu erschließen. Auch soll immer wieder ganz persönlich darüber nachgedacht werden, welche Erfahrungen Ihre Gruppe mit dem Vaterunser schon gemacht hat. Das Inhaltsverzeichnis (S. 3) bietet eine Übersicht über die Texte und Themen.

Bibelkenntnis

8. Und wenn jemand in der Gruppe wenig von der Bibel weiß? Kein Problem! Dafür ist die Gruppe ja da. Die *Erläuterungen* geben Ihnen Hinweise zum Verständnis größerer Zusammenhänge, einzelner Ausdrücke, geschichtlicher Hintergründe oder wichtiger Einzelheiten im Text. Greifen Sie immer dann auf die Erläuterungen zurück, wenn der Sinn des Textes sich nicht von selbst erschließt.

„Hausaufgaben"

9. Was muss ich sonst noch tun? Nichts, wenn Sie nicht wollen. Aber Sie können über das hinausgehen, was in der Gruppe besprochen wird. Nicht immer werden Sie alle Erläuterungen gemeinsam in der Gruppe lesen und alle Fragen diskutieren können. Wenn Sie die Zusatzinformation voll ausschöpfen möchten, haben Sie dafür zwei Möglichkeiten:

Lesen Sie die Einführung zum Gesamtthema des Heftes und vor jedem Treffen den jeweiligen Text und die Erläuterungen vorbereitend zu Hause.

Oder:

Vertiefen Sie das Gespräch über einen Text nachbereitend, indem Sie den Text noch einmal im Zusammenhang lesen und sich Zeit nehmen, die Erläuterungen zu studieren und einzelnen Fragen für sich persönlich noch weiter nachzugehen.

Der Traum

10. **Der Traum, der dahintersteckt: Lebendige Kleingruppen.** Menschen finden sich zusammen, um zu einer Gemeinschaft zu werden, in der jeder eine Heimat findet und mit seinen Freuden und Schwierigkeiten angenommen ist. Menschen kommen zusammen, reden über ihr Leben und ihren Glauben und begegnen der Bibel – unabhängig davon, ob sie zu einer Gemeinde gehören oder nicht.

Serendipity

11. **Was heißt Serendipity?** „Das Geschenk, zufällig glückliche Entdeckungen zu machen". Genau darum geht es bei dem Material „Lebendige Kleingruppen": dass Menschen zusammenkommen, ihre Erfahrungen austauschen, der Bibel begegnen und dabei wertvolle Entdeckungen für ihr Leben machen – möglicherweise solche, mit denen sie nicht gerechnet haben.

Hinweise für Gruppenleiter

12. **Weitergehen.** Weitere Kurshefte zu vielen biblischen Themen finden Sie auf unserer Homepage:
www.brunnen-verlag.de/serendipity

Wie verläuft ein Treffen?

Jedes Treffen besteht aus drei Teilen:

Einstieg

15–20 Minuten

Der Einstieg bietet Hilfen an, um sich untereinander kennenzulernen und ins Gespräch zu kommen. Er ist ein wichtiger Pfeiler der Beziehungsbrücke, über die Gemeinschaft entsteht.

Bibelgespräch

30–45 Minuten

Lesen Sie den Bibeltext zunächst gemeinsam. Die Fragen geben Ihnen einen Leitfaden für Ihr Gespräch. Greifen Sie immer dann auf die Erläuterungen zurück, wenn der Sinn des Textes sich nicht von selbst erschließt.

Sie werden vielleicht nicht alle Fragen in der zur Verfügung stehenden Zeit ansprechen können. Wählen Sie dann einfach die aus, die Ihrer Gruppe am wichtigsten erscheinen.

Zu manchen Fragen möchten Sie sich vielleicht nicht in der Gruppe äußern. Geben Sie aber Ihre Antwort für sich persönlich. Natürlich hat jeder die Freiheit, nur das mitzuteilen, was er wirklich möchte.

Wenn Ihre Gruppe recht groß ist, können Sie auch überlegen, ob Sie sich für das Bibelgespräch – immer oder hin und wieder – in kleinere Gruppen (etwa zu viert) aufteilen. Das gibt jedem Einzelnen die Möglichkeit, häufiger zu Wort zu kommen.

Austausch und Gebet

15–30 Minuten

Hier ist Gelegenheit, den Text noch einmal ganz persönlich auf sich wirken zu lassen und, wenn Sie möchten, persönliche Anliegen anzusprechen. Dieser Austausch und das gemeinsame Gebet füreinander dienen ganz entscheidend dem Zusammenwachsen und dem Aufbau einer tragfähigen Gemeinschaft.

Beenden Sie Ihr Treffen mit einem gemeinsamen Gebet, wenn alle damit einverstanden sind. Hier ist Raum, auch persönliche Anliegen zu nennen und sie im Gebet Gott anzuvertrauen. Wenn Ihre Gruppe keine Erfahrung mit der Form der Gebetsgemeinschaft hat, kann auch die Gesprächsleiterin oder ein Teilnehmer ein abschließendes Gebet sprechen.

Einführung: Das Gebet, das uns verbindet

Ein Witz zu Beginn: Die Chicago Bears haben einen Pastor eingeladen, eine Andacht vor ihrem Football-Spiel zu halten. Der Pastor kommt in die Kabine und trifft als Erstes den Trainer. Der begrüßt ihn freundlich und stellt ihm auch die Mannschaft vor. Bei einem der Spieler flüstert er dem Pastor zu: „Wetten, dass der nicht einmal das Vaterunser kennt? 50 Dollar, dass nicht!" „Okay", sagt der Pastor, „50 Dollar." Einen kurzen Moment lang fragt er sich, was er da eigentlich tut, 50 Dollar – eine Wette auf das Vaterunser. Dann beginnt er seine Andacht. Am Ende bittet er den Spieler, ob er nicht das Vaterunser sprechen könne. Der Spieler zögert kurz, dann aber nickt er und fängt an: „Ich bin klein, mein Herz ist rein, soll niemand drin wohnen als Jesus allein. Amen." Der Trainer ist verblüfft, schaut den Spieler an, dann den Pastor, zückt sein Portemonnaie, nimmt 50 Dollar heraus und murmelt: „Ich hätte wirklich nicht gedacht, dass er das Vaterunser kennt!"

Wie geht es Ihnen mit dem Vaterunser? Für manche ist es fremd, für andere altvertraut. Und wenn Sie es beten: Können Sie verstehen, was Sie da sagen?

Nach dem Theologen Martin Luther ist Beten ein „Reden des Herzens mit Gott in Bitte und Fürbitte, Dank und Anbetung". D. h., Gebet ist Zwiesprache, ist Beziehungsgeschehen. Doch Beten ist mehr als nur Worte. Gebet umfasst neben dem Reden auch das Schweigen, das Hören und dann auch das Tun des Gehörten. Das Vaterunser allzumal.

Nehmen Sie sich einen kurzen Moment Zeit und überlegen Sie, zu welchen Anlässen Sie das Vaterunser schon gebetet haben. Vielleicht war es sonntags im Gottesdienst, bei einer Trauung oder einer Beerdigung, im Konfirmandenunterricht, im Hauskreis, in Ihrer Gruppe ... Manche werden sagen können: „Das Vaterunser begleitet mich von der Wiege bis zur Bahre." Andere lernen es erst neu kennen.

Doch warum beschäftigt uns ausgerechnet dieses Gebet so sehr? Warum ist es das Gebet der Gebete? Warum erscheint es auch dann noch angebracht, wenn andere Worte fade und farblos sind? Zum einen ist es das sogenannte „Herrengebet", also das Gebet, das Jesus seine Jünger lehrt, als sie ihn fragen: „Wie sollen wir eigentlich beten?" Zum anderen steckt in diesem Gebet offenbar so vieles drin, dass in ihm alles Wesentliche unseres Lebens zur Sprache kommt.

Dies möchte ich mit Ihnen entdecken. Wir werden uns zunächst in einem Kapitel mit Gebet allgemein beschäftigen, vor allem mit der Beantwortung unserer Bitten. Erhört Gott tatsächlich jedes Gebet? Und was, wenn nicht?

Darauf folgt ein Kapitel, das uns an das Vaterunser heranführt, indem wir dessen Kontext und Aufbau betrachten. Als Nächstes gilt es, den Anfang und das Ende des Vaterunsers in den Blick zu nehmen und daraufhin die einzelnen Bitten, die jeweils anhand einer biblischen Geschichte bzw. eines biblischen Textes illustriert werden.

Viel Freude beim Entdecken dieses Gebets, das Jesus seinen Jüngern übrigens in ihrer Muttersprache Aramäisch in Reimform beibrachte. Viel Gewinn beim Nachdenken über das Gebet, das die Zeit umfasst und die Welt umspannt. Wir beten es verbunden mit der ganzen Christenheit.

1 Gott erhört Gebet

LUKAS 11,5-13

Einstieg
15–20 Minuten
Wählen Sie bitte eine oder zwei Fragen aus.

1. Was sind in Ihren Augen die Eigenschaften eines guten Freundes, einer guten Freundin?

2. Haben Sie schon erlebt, dass Gott Ihr Gebet erhört hat? Wenn Sie wollen, erzählen Sie sich in Ihrer Gruppe gegenseitig davon. Was genau geschah?

3. Gibt es Dinge, mit denen Sie Gott schon lange in den Ohren liegen, aber es verändert sich nichts? Was tun Sie, wenn Gott Ihr Gebet scheinbar nicht erhört?

4. Haben Sie es schon mal erlebt, dass Gott eines Ihrer Gebete nicht erfüllt hat, und im Nachhinein waren Sie froh darüber? Erzählen Sie davon.

5. Was wäre Ihr sehnlichster Wunsch, den Gott erfüllen sollte? Beten Sie dafür – oder scheint es Ihnen nicht angebracht, diesen besonderen Wunsch vor Gott zu bringen? Warum?

Warum wir unverschämt bitten dürfen
5 Dann sagte Jesus zu den Jüngern: „Stellt euch vor, einer von euch hat
einen Freund. Mitten in der Nacht geht er zu ihm, klopft an die Tür und
bittet ihn: ‚Leih mir doch bitte drei Brote. 6 Ich habe unerwartet Besuch
bekommen und nichts im Haus, was ich ihm anbieten könnte.‘ 7 Viel-
leicht würde der Freund dann antworten: ‚Stör mich nicht! Ich habe die
Tür schon abgeschlossen und liege im Bett. Außerdem könnten die Kin-
der in meinem Bett aufwachen. Ich kann jetzt nicht aufstehen und dir
etwas geben.‘ 8 Das eine ist sicher: Wenn er schon nicht aufstehen und
dem Mann etwas geben will, weil er sein Freund ist, so wird er schließlich
doch aus seinem Bett steigen und ihm alles Nötige geben, weil der ande-
re so unverschämt ist und ihm einfach keine Ruhe lässt. 9 Darum sage ich
euch: Bittet Gott, und er wird euch geben! Sucht, und ihr werdet finden!
Klopft an, und euch wird die Tür geöffnet! 10 Denn wer bittet, der be-
kommt. Wer sucht, der findet. Und wer anklopft, dem wird geöffnet.
11 Welcher Vater würde seinem Sohn denn eine Schlange geben, wenn er
ihn um einen Fisch bittet, 12 oder einen Skorpion, wenn er ein Ei haben
möchte? 13 Wenn schon ihr hartherzigen Menschen euren Kindern Gutes

gebt, wie viel mehr wird der Vater im Himmel denen den Heiligen Geist schenken, die ihn darum bitten."

Bibelgespräch

30–45 Minuten
Wählen Sie ggf. unter den Fragen aus.

1. Wie geht es dem Mann im Gleichnis, der seinen Freund erst lange bitten muss, bis dieser endlich aufsteht und seiner Bitte nachkommt? Was wird er wohl denken?

2. Das Gleichnis besagt, dass wir Gott anhaltend nerven dürfen, bis er endlich auf unser Gebet reagiert. Wie sind Ihre Erfahrungen damit?

3. Welches Bild von Gott haben Sie: das eines großzügigen Gönners oder eher das eines zögerlichen Zauderers? Wie bestimmt Ihr Bild von Gott Ihr Gebetsverhalten?

4. Wie geht es Ihnen, wenn Sie Gott die absolute und völlige Souveränität überlassen sollen, d. h., dass er ihr Gebet auch ganz anders beantworten darf? Wie stehen Sie zu dieser Aussage: „Wer Vater sagt, erkennt an, dass er Kind ist und dass dieser eine über ihm steht und Autorität hat."?

5. Was hat der Heilige Geist (V. 13) mit Ihrem Gebetsleben zu tun?

Austausch und Gebet

15–30 Minuten

Wählen Sie ggf. unter den Fragen aus. Sie können das Gespräch mit einem gemeinsamen Gebet abschließen, in dem Sie auf mögliche Fragen und Anliegen Bezug nehmen, die im Gespräch deutlich geworden sind. Fragen, die nicht in der Gruppe thematisiert werden, können Ihnen auch als Anstoß dienen, zu Hause den Text vertiefend zu betrachten.

1. Gibt es konkrete Dinge, die Sie Ihrer Gruppe als Gebetsanliegen anvertrauen möchten?

2. Wenn Sie den Vorsatz übernehmen, Ihrem himmlischen Vater felsenfest zu vertrauen, dass er es gut mit Ihnen meint – auch wenn er nicht tut, was Sie sich wünschen –, was würde sich ändern?

3. Trauen Sie es Ihrem Gott zu, dass er auch Dinge tun kann und wird, die in Ihren Augen unmöglich erscheinen? Warum? Warum nicht?

4. Was halten Sie von der Idee, diesen Satz – „Herr, nicht wie ich will, sondern wie du willst" – zu einem festen Bestandteil Ihrer Gebete zu machen? Evtl. notieren Sie sich diese kleine Bitte und hängen sie an einer gut sichtbaren Stelle auf.

5. Sollten Sie in der kommenden Woche jemanden treffen, der von Gott enttäuscht ist, weil dieser scheinbar nicht eingegriffen und sein Gebet nicht erhört hat – was werden Sie ihm sagen?

Erläuterungen

Zusammenfassung: Jesus erzählt seinen Jüngern diese Beispielgeschichte über das Bitten, direkt nachdem er ihnen das Vaterunser als Vorbild für ihre Gebete gegeben hat (11,1-4). Auf diese Weise macht er ihnen anschaulich, in welcher Haltung sie das Vaterunser beten sollen. Er fragt nach ihrem Gottesbild, das ihr Gebetsleben leitet: Sehe ich in Gott einen liebenden Vater oder jemanden, der sich lange bitten lässt und dann vielleicht doch nichts tut?

11,5-6. Dann sagte Jesus zu den Jüngern: „Stellt euch vor, einer von euch hat einen Freund. Mitten in der Nacht geht er zu ihm, klopft an die Tür und bittet ihn: ‚Leih mir doch bitte drei Brote. Ich habe unerwartet Besuch bekommen und nichts im Haus, was ich ihm anbieten könnte.'" Jesus erzählt seinen Jüngern ein Gleichnis: **Stellt euch vor!** Gleichnisse haben meist einen springenden Punkt. Hier: Verhält sich der **Freund** wie ein wahrer Freund oder nicht? Der Bittende kommt **mitten in der Nacht,** also plötzlich, unerwartet. Er hat unangemeldet **Besuch** bekommen. Als guter Gastgeber möchte er ihn bewirten, zumal Gastfreundschaft im Orient die Kultur prägt. Doch er ist nicht darauf vorbereitet – der Kühlschrank geplündert, im Vorratskeller nur gähnende Leere, im ganzen Haus ist nichts aufzutreiben, was er seinem Gast anbieten könnte. Kein Krümel Brot mehr da! In seiner Not beschließt er, zu einem Freund zu gehen. Dieser wird bestimmt ausreichend haben und ihm etwas borgen. Doch was wird ihn dort erwarten? Wird seine Bitte von Erfolg gekrönt sein? Wird sein im Schlaf gestörter Freund der Bitte nachkommen, oder bleibt er lieber im Bett liegen? Wird er unverrichteter Dinge wieder nach Hause gehen müssen, oder kommt er mit vollen Armen heim? Enttäuschung oder Freude – das ist hier die Frage. Wie geht die Geschichte wohl aus?

11,7. „Vielleicht würde der Freund dann antworten: ‚Stör mich nicht! Ich habe die Tür schon abgeschlossen und liege im Bett. Außerdem könnten die Kinder in meinem Bett aufwachen. Ich kann jetzt nicht aufstehen und dir etwas geben.'" Die Zuhörer Jesu können sich in diesen Bittsteller hineinversetzen und werden sich mit ihm solidarisieren: „Also, ich würde ihm natürlich etwas geben, auch mitten in der Nacht!" Doch Jesus spinnt genau den Gedanken weiter, den sich keiner vorzustellen wagt. Was, wenn der Freund sich nicht verhält wie ein Freund? Was, wenn er sich über die Störung ärgert und ihn in dieser peinlichen Situation im Stich lässt? „Ich selbst liege schon im Bett, die Tür ist zu, die Kinder schlafen (endlich). Jetzt noch mal aufstehen? Jetzt sich die Mühe machen und den Riegel bewegen, was Krach macht und die Kinder weckt?" Gedacht ist an ein damals typisches Haus, das aus einem Raum besteht – im unteren Bereich die Tiere, im erhöhten Bereich die Menschen –, weshalb alle alles mitbekommen. „Nein, danke!", sagt der Freund. „Wenn, dann komm morgen wieder. Aber nicht jetzt!" **Stör mich nicht** ist das Verhalten eines distanzierten Menschen, dem der andere und dessen Situation egal ist. Die eigene Bequemlichkeit ist ihm wichtiger.

11,8. „Das eine ist sicher: Wenn er schon nicht aufstehen und dem Mann etwas geben will, weil er sein Freund ist, so wird er schließlich doch aus seinem Bett steigen und ihm alles Nötige geben, weil der andere so unverschämt ist und ihm einfach keine Ruhe lässt." Jesus zeigt im Beispiel, was das Selbstverständliche wäre. Zwei Normalitäten: Der Gebetene gibt, **weil der andere sein Freund ist.** So ist es unter Freunden: Man hilft sich aus, ist füreinander da, man springt füreinander ein – auch zu ungelegener Zeit. Doch wenn das nicht den Ausschlag gibt, dann doch wenigstens, dass der andere **keine Ruhe** gibt. Solch ein zudringliches Verhalten wird Erfolg zeigen.
In einem anderen Gleichnis (Lk 18,1-8) erzählt Jesus von einer Witwe, der Unrecht geschieht. Daraufhin geht sie zum Richter, doch der will sich ihrer Sache nicht annehmen. Sie geht immer wieder zu ihm und nervt ihn so lange, bis er ihr zu ihrem Recht verhilft. Anhaltend, unablässig, fast penetrant steht sie bei ihm auf der Matte. So sollt ihr beten, sagt Jesus. Sie ist ein gutes Vorbild für euch!

11,9+10. „Darum sage ich euch: Bittet Gott, und er wird euch geben! Sucht, und ihr werdet finden! Klopft an, und euch wird die Tür geöffnet! Denn wer bittet, der bekommt. Wer sucht, der findet. Und wer anklopft, dem wird geöffnet." In unserem Gleichnis steht der Bittsteller für den Beter, der Freund für Gott, das leere Haus, das nichts hergibt, für den unerwarteten Besuch, für eine notvolle Situation. Wie wird Gott sich verhalten? Ist er wie ein guter Freund? Denn erstens *kann* er jedes unserer Gebete erhören, da er allmächtig ist. D. h., er hat die Kraft und die Möglichkeiten dazu, auch in Situationen, die uns ausweglos erscheinen. Und zweitens *wird* er jedes unserer Gebete erhören, da er unser Wohl im Sinn hat. D. h., es ist für ihn gar keine Frage, wie er sich verhält: freundschaftlich, fürsorglich, wohlwollend. Für ihn ist es selbstverständlich, den Suchenden finden zu lassen, dem Klopfenden die Tür aufzutun, dem Bittenden zu geben. **Bitten, suchen, klopfen** beantwortet er mit **bekommen, finden, Tür öffnen.** (Vgl. die zahlreichen Aussagen der Bibel, dass Gott ganz bestimmt Gebet erfüllt wie z. B. Joh 14,13f.)

Doch sofort werden wir Einspruch erheben, weil wir uns nur zu gut an Situationen erinnern, in denen Gott genau das nicht getan hat. Offenbar ist Gebet doch kein Automatismus, dass Gott immer und grundsätzlich so handeln müsste. Er funktioniert nicht wie ein Kaugummiautomat, den man oben mit Gebet füttert, und unten kommt das Gewünschte heraus. Gott behält sich die Erhörung unseres Gebets offen – wie er es will.

Ein Beispiel: Es ist Hochsommer. Lange hat es nicht geregnet. Der Landwirt bangt um seine Ernte und bittet Gott um Regen. Sein Sohn dagegen freut sich, dass die Sonne scheint und er ins Freibad kann. Er bittet Gott weiterhin um gutes Wetter. Welches Gebet soll Gott erhören? Dieses kleine Beispiel zeigt schon, dass Gott es nie allen recht machen kann und wird. Auch der hier gezeigte Cartoon spiegelt dies wider.

Ist Gott dann immer noch ein guter Freund, wenn er anders handelt, als gewünscht? Ganz bestimmt, denn er bleibt auf keinen Fall aus Bequemlichkeit im Bett liegen wie der schlechte Freund im Gleichnis. Sondern wenn er unser Gebet nicht beantwortet, wie wir es wünschen, dann hat er gute Gründe. – Traue ich ihm zu, dass er den Überblick und den Weitblick hat, den ich nicht habe? Glaube ich, dass er einen Plan mit mir und meinem Leben hat, auch mit den anderen und seiner Welt, den ich vielleicht (noch) nicht kenne?

11,11-12. „Welcher Vater würde seinem Sohn denn eine Schlange geben, wenn er ihn um einen Fisch bittet, oder einen Skorpion, wenn er ein Ei haben möchte?“ Doch egal, wie und wann Gott unser Gebet erhört, wäre es nicht angebracht, dass ich vertraue, dass er es gut meint und macht? Dass er es grundsätzlich gut mit mir meint, bekräftigt Röm 8,32: „Gott hat seinen eigenen Sohn nicht verschont, sondern ihn für uns alle dem Tod ausgeliefert. Sollte er uns da noch etwas vorenthalten?“ Es ist undenkbar, dass Gott, wenn er schon sein Liebstes, Kostbarstes und Teuerstes für uns hergegeben hat, uns nicht absolut wohlgesonnen ist. Der Vater gönnt uns von Herzen **Fisch und Ei; Schlange und Skorpion** sind für ihn keine Alternative.

In Jesus hat der Vater gezeigt, dass er bereit ist, uns das wirklich Gute zu geben (**Fisch und Ei**). Doch erleben wir es nicht tagtäglich, dass er uns Dinge verwehrt und Negatives gibt (**Schlange und Skorpion**) – kranke Menschen werden nicht gesund, Freunde kommen nicht zum Glauben, Singles bleiben allein, Eheleute bleiben kinderlos, entführte Christen werden geköpft?

Leider ist dem so! So schrecklich diese Dinge für uns sein mögen: Können wir unserem Vater dennoch vertrauen, dass er mit dem, was wir als negativ erleben, Gutes im Sinn hat? Dass dieser Vater weiß, was er tut und warum er etwas so macht und nicht anders? Dass sein Blick weiter reicht als meiner? Dass er einen Plan hat und den Überblick behält? Dass er uns ein guter Vater ist?

Wir werden den Vater nicht verstehen. Erst in der Ewigkeit können wir im Rückblick so manches als gut und richtig erkennen, über das wir hier stöhnen und weinen mussten.

In diesem zweiten beispielhaften Vergleich stellt Jesus zumindest eine Frage, formuliert als unmögliche Möglichkeit. Kein Vater handelt so an seinem Sohn! Ein rechter Vater gibt seinem Sohn nicht Ungenießbares, nichts Schädliches oder Angsteinflößendes. Sollte dann der Vater aller Väter so handeln? Nein, ganz bestimmt nicht! Dieser Vater hat Gutes im Sinn!

11,13. „Wenn schon ihr hartherzigen Menschen euren Kindern Gutes gebt, wie viel mehr wird der Vater im Himmel denen den Heiligen Geist schenken, die ihn darum bitten.“ Sollte es wider Erwarten doch solche Väter geben, die ihrem Kind **Schlange und Skorpion** geben – dieser Gott ganz bestimmt nicht!

Jesus beschreibt uns in 11,13 als **hartherzig.** Vielleicht nimmt er 1 Mo 8,21 auf, wo Gott nach der Sintflut resümiert (L): „... das Dichten und Trachten des menschlichen Herzens ist böse von Jugend auf.“ Es gehört seit dem Sündenfall (vgl. 1 Mo 3) zu unserem Menschsein dazu – so traurig das ist –, dass wir nicht zu Gott gehören und darum nicht mit ihm und seinen Zielen übereinstimmen. Das wirkt sich auch auf zwischenmenschlicher Ebene aus, sodass wir oftmals gegeneinanderstehen und einander nicht Freund sind. Doch zeigt sich Menschlichkeit darin, dass wir trotz hartem Herzen Liebe üben können und uns z. B. von bittenden Kindern erweichen lassen und ihnen **Gutes geben.**

Doch auch wenn dies für uns Menschen gar nicht so selbstverständlich ist, dann für Gott allemal. Wie die Bitte eines Sohnes das Herz des Vaters zu bewegen vermag, so das Gebet eines Gotteskindes das Herz des himmlischen Vaters. Er als Vater, dessen Herz so ganz anders ist als unseres, d. h. weich für unsere Nöte, dessen Herz von Liebe zu uns Menschen erfüllt ist, gibt uns gerne und großzügig.

Wer ihn um etwas bittet, bekommt garantiert seinen **Heiligen Geist.** Dieser Geist ist Gottes beste Antwort auf all unsere Bitten! Jeder Christ hat Gottes Heiligen Geist. Und nun will dieser uns mehr und mehr den Vater und seine Liebe zu uns zeigen. Er will uns dahin führen, dass wir den Vater lieben und ihm vertrauen, auch wenn wir ihn nicht verstehen. Er ist es, der uns auch darin anleitet, anzuerkennen, dass Gott frei und souverän in seiner Antwort ist. Er wird mich darum anleiten, nicht zu verzweifeln, sondern Folgendes zu sehen, sollte der Vater mein Gebet nicht so erhören, wie ich es mir vorstelle und wünsche:

1. Ist die Bitte falsch, sagt Gott: „Nein!" Manche Bitten, egal wie gut sie gemeint sind, sind nicht angemessen. Vgl. die Bitte der Jünger, dass Jesus oben auf dem Berg der Verklärung bleiben soll (Mk 9,5f.). Jesus hatte unten bei den Menschen noch so viel zu tun. Ein andermal bitten Jakobus und Johannes, dass Jesus die Plätze im Himmel links und rechts neben sich für sie reservieren soll (Mk 10,37f). Nicht jede meiner Bitten ist gottgemäß, d. h. macht Gott Ehre, bringt sein Reich voran, hilft anderen Menschen oder mir selber, geistlich zu wachsen. Darum sagt Gott oftmals Nein.

2. Die Bitte ist gut, doch Gott sagt: „Später!" Für manche unserer Bitten ist die Zeit nicht reif. Vielleicht sagt Gott „Später", weil er meinen Glauben prüfen möchte oder damit ich meine Bitte noch mal überdenke und evtl. abändere oder damit ich reife und förderliche Charaktereigenschaften wie Ausdauer und Geduld lerne. Das Problem dabei ist, dass wir ein „Später" und ein „Nein" gar nicht so leicht voneinander unterscheiden können. Zudem sind wir meist ungeduldige Kinder und verkraften ein „Noch nicht!" genauso wenig wie ein „Nein".

3. Wenn ich selber schuld bin, sagt Gott: „Wachse!" Vielleicht stehe ich dem Wunder, um das ich bete, selber im Weg? Gebetshindernisse könnten sein: nicht bekannte Sünde, ungelöste Konflikte oder auch Unglaube in dem Sinne, dass ich nur zu Gott komme, wenn ich ihn brauche, er mir aber sonst egal ist (Motto: „Not lehrt beten"). Es muss nicht immer an Gott liegen, wenn mein Gebet unerhört bleibt.

Aber sollte es so sein, dass ich vor einer langen Liste unerfüllter Gebete stehe, ist es unwahrscheinlich, dass 1. alle meine Bitten unangebracht sind, 2. es bei allen der falsche Zeitpunkt ist, und 3. Gebetshindernisse von meiner Seite im Weg stehen. Dann kann es vielleicht daran liegen, dass Gott etwas ganz anderes mit mir vorhat – wie z. B. bei Josef (vgl. 1 Mo 37-50). Auch viele seiner Gebete hat Gott nicht so erfüllt, wie Josef es sich gewünscht hat. – Gott behält die Fäden in seiner Hand, auch wenn ich ihn nicht verstehe.

Doch es gilt: Diese Erklärungen sind nur Hilfestellungen und müssen nicht immer zutreffen. Gott lässt sich nicht in ein Schema pressen. Seine Gedanken übersteigen meine Gedanken.

Was halten Sie von folgender Geschichte: „Amy Carmichael war noch recht klein. Ihr großes Vorbild war ihre Mutter. Deshalb wünschte sich Amy nichts sehnlicher, als dass ihre dunklen braunen Augen genauso wunderschön blau würden wie die Augen ihrer Mama. Von ihr wusste sie, dass man für alles beten darf. So tat Amy es dann auch eines Abends in dem felsenfesten Glauben, dass sie am nächsten Morgen mit blauen Augen aufwachen würde. Kaum war sie aufgewacht, rannte sie zum Spiegel. Was sie da sah, machte sie ganz unglücklich: Ihre Augen waren immer noch braun! Enttäuscht dachte sie: Gott hat mich ja gar nicht gehört. – Aber Gott hatte sie wohl gehört. Doch Amy sollte jetzt etwas lernen, das später für sie ganz wichtig werden sollte: Gort hört immer, aber sein Nein ist auch eine Antwort! Jahre später wusste sie, warum Gott Nein gesagt hatte. Denn nun war sie Missionarin in Indien. Viele rettete sie dort aus dem Elend. Sie kleidete sich in einen indischen Sari, und dank ihrer braunen Augen sah sie wie eine echte Inderin aus." [Aus: Reinhold Frey, Michael Hübner, Frieder Trommer (Hrsg.), Geschichten für die Jungschar von A–Z.]

Wir können felsenfest davon ausgehen, dass Gott jedes Gebet *hört.* Doch wir müssen damit rechnen, dass er in seiner Weisheit nicht jedes Gebet *erhört,* wie wir es uns wünschen. Deshalb sollten wir lernen, jede Bitte in das Gebet einzukleiden: „Herr, dein Wille geschehe!" So hat es Jesus im Garten Gethsemane gemacht (Mk 14,36): „Aber nicht, was ich will, sondern was du willst, soll geschehen!" Das dürfen wir ihm nachtun.

Dieses Vertrauen, dass Gott für uns ist und es absolut gut meint, wünscht sich der Vater von seinem Kind. Denn oft schon hat Gott aus vermeintlich schlimmen Situationen, wie dem Tod eines lieben Menschen, Segen entstehen lassen, z. B. sind Angehörige dadurch zum Glauben gekommen. Doch manche Antwort bleibt Gott uns bis im Himmel schuldig.

Lesen Sie den folgenden Dialog, wenn Sie mögen, zum Abschluss in der Gruppe vor:

Ich: Gott, darf ich dich was fragen?

Gott: Klar!

Ich: Versprich mir, dass du nicht sauer wirst.

Gott: Ich versprech's.

Ich: Warum hast du zugelassen, dass mir heute so viele blöde Sachen passiert sind?

Gott: Was genau meinst du?

Ich: Na ja, ich habe verschlafen!

Gott: Stimmt.

Ich: Es hat ewig gedauert, bis mein Auto endlich angesprungen ist.

Gott: Okay.

Ich: In der Kantine haben sie mein Sandwich nicht so gemacht, wie ich es wollte, und dann musste ich ewig auf ein Neues warten.

Gott: Hmm.

Ich: Auf dem Nachhauseweg war mein Handyakku genau in dem Moment leer, als ich einen Anruf annehmen wollte.

Gott: Verstehe.

Ich: Und die Krönung war: Als ich nach Hause kam, wollte ich mir eine Fußmassage gönnen und einfach nur entspannen. Aber mein Massagegerät hat nicht funktioniert. Heute ist wirklich alles schiefgegangen! Warum hast du das zugelassen?

Gott: Also, fangen wir von vorne an: Heute Morgen war der Todesengel an deinem Bett, und ich habe einen meiner Engel zu dir geschickt, damit er um dein Leben kämpft. Währenddessen habe ich dich noch ein wenig schlafen lassen.

Ich (kleinlaut): Oh!

Gott: Ich habe verhindert, dass dein Wagen sofort startet, weil ein betrunkener Fahrer auf deiner Strecke zur Arbeit unterwegs war. Du hättest einen Unfall mit ihm gehabt, wenn du normal losgefahren wärst.

Ich (beschämt)

Gott: Die Person, die heute dein erstes Sandwich gemacht hat, war krank, und ich wollte nicht, dass sie dich ansteckt. Ich weiß ja, dass du es dir im Moment nicht leisten kannst, krank zu sein.

Ich (verlegen): Okay ...

Gott: Dein Handyakku war leer, weil die Person, mit der du sprechen wolltest, deine Aussagen hinterher total verdreht und falsche Dinge über dich erzählt hätte. Deshalb habe ich dich davor bewahrt, mit ihr zu reden.

Ich (leise): Ich verstehe, Gott.

Gott: Ach, und das Fußmassagegerät hatte einen technischen Defekt und hätte alle Sicherungen im Haus durchknallen lassen. Ich dachte, du wolltest lieber nicht den ganzen Abend im Dunkeln sitzen.

Ich: Es tut mir leid, Gott, das habe ich alles nicht gewusst.

Gott: Es muss dir nicht leidtun, du musst nur lernen, mir zu vertrauen. In allen Dingen, ob sie nun gut laufen oder schlecht.

Ich: Ich werde dir vertrauen.

Gott: Und zweifle nicht daran, dass mein Plan für deinen Tag besser ist als deiner.

Ich: Das will ich versuchen, Gott. Und noch was: Danke für alles heute!

Gott: Gern geschehen, mein Kind. Ich war heute einfach wieder dein Gott – und ich liebe es, mich um meine Kinder zu kümmern!

2 Beten heißt leben aus dem Glauben

MATTHÄUS 6,5-15

Einstieg
15–20 Minuten
Wählen Sie bitte eine oder zwei Fragen aus.

1. Unterhalten Sie sich darüber, wie sich Ihr Christsein nach außen zeigt. Woran können andere erkennen, dass Sie Jesus nachfolgen?

2. Bei manchen Menschen wirkt es ungeheuer positiv, wie sie ihren Glauben leben. Kennen Sie solche Vorbilder? Was ist an ihnen nachstrebenswert?

3. Kennen Sie auch Menschen, deren Glaubenspraxis auf Sie abstoßend wirkt? Was genau ist es, das Sie abstößt? Was mag der Grund sein, warum wir uns manchmal so verhalten? Warum handelt der- oder diejenige Ihrer Meinung nach so?

4. Was halten Sie von dieser Aussage des Religionsphilosophen Søren Kierkegaard? „Als mein Gebet immer andächtiger und innerlicher wurde, da hatte ich immer weniger und weniger zu sagen. Und zuletzt wurde ich ganz still."

5. Überlegen Sie, wie oft Sie schon das Vaterunser gebetet haben und in welchen Zusammenhängen. Warum ausgerechnet dieses Gebet?

Glaube zeigt sich nach außen – doch wie?

5 „Betet nicht wie die Heuchler! Sie beten gern in den Synagogen und an den Straßenecken, um gesehen zu werden. Ich sage euch: Diese Leute haben sich ihren Lohn schon selber ausbezahlt! 6 Wenn du beten willst, geh in dein Zimmer, schließ die Tür hinter dir zu, und bete zu deinem Vater. Und dein Vater, der auch das Verborgene sieht, wird dich dafür belohnen. 7 Leiere nicht endlose Gebete herunter wie Leute, die Gott nicht kennen. Sie meinen, sie würden bei Gott etwas erreichen, wenn sie nur viele Worte machen. 8 Folgt nicht ihrem schlechten Beispiel, denn euer Vater weiß genau, was ihr braucht, noch ehe ihr ihn um etwas bittet. 9 Ihr sollt deshalb so beten: ‚Unser Vater im Himmel! Dein heiliger Name soll geehrt werden. 10 Lass deine neue Welt beginnen. Dein Wille geschehe hier auf der Erde, wie er im Himmel geschieht. 11 Gib uns auch heute wieder, was wir zum Leben brauchen. 12 Vergib uns unsere Schuld, wie wir denen vergeben, die uns Unrecht getan haben. 13 Lass uns nicht in

Versuchung geraten, dir untreu zu werden, und befreie uns vom Bösen. Denn dir gehören Herrschaft, Macht und Ehre für alle Zeiten. Amen!'
14 Euer Vater im Himmel wird euch vergeben, wenn ihr den Menschen vergebt, die euch Unrecht getan haben. 15 Wenn ihr ihnen aber nicht
vergeben wollt, dann wird Gott auch eure Schuld nicht vergeben."

Bibelgespräch

30–45 Minuten
Wählen Sie ggf. unter den Fragen aus.

1. Stellen Sie sich vor, Folgendes wird in Ihrer Gemeinde abgekündigt: „Spendenkönige der vergangenen Woche für unseren Kirchturm sind Ewald Groß mit 3900 € und Olga Klein mit 3500 €. Herzlichen Dank. Ebenso danken wir Lieschen Müller für 2500 € für das Spendenprojekt ‚Kinder in Not in Afrika' und Hugo Maier für 1800 € für das neu errichtete Obdachlosenheim in unserer Stadt." Was würden Sie davon halten?

2. Gefallen Sie sich in der Rolle einer „guten Beterin", eines „guten Beters", der wohlgefeilte Worte findet? Stehen Sie in der Gefahr, durch Ihr Gebet anerkannt werden zu wollen?

3. Meinen Sie, Gott kann williger gemacht werden, wenn Sie mit mehr Nachdruck beten?

4. Das Vaterunser wird im Matthäus- (Mt 6,9-13) und im Lukasevangelium (Lk 11,2-4) überliefert. Lesen Sie die beiden Bibelstellen gemeinsam. Erkennen Sie Unterschiede? Wenn ja, für wie relevant erachten Sie sie?

5. Was meinen Sie, warum Jesus nur die beiden Gebetsarten Anbetung und Bitten im Vaterunser aufgenommen hat?

Austausch und Gebet

15–30 Minuten

Wählen Sie ggf. unter den Fragen aus. Sie können das Gespräch mit einem gemeinsamen Gebet abschließen, in dem Sie auf mögliche Fragen und Anliegen Bezug nehmen, die im Gespräch deutlich geworden sind. Fragen, die nicht in der Gruppe thematisiert werden, können Ihnen auch als Anstoß dienen, zu Hause den Text vertiefend zu betrachten.

1. Manchen tut es gut, wenn sie zum Beten einen festen, gewohnten Ort haben. Sie haben bei sich zu Hause z. B. einen Raum oder eine Ecke, einen bestimmten Sessel oder dergleichen, um zu beten – evtl. gestaltet mit einer Kerze, Bibel, Kreuz, Gebetsbank ...? Wäre das etwas, das Sie sich für sich vorstellen könnten?

2. Überlegen Sie, welche Worte aus der Bibel Ihnen zu den einzelnen Gebetsarten Dank, Bitte, Fürbitte, Klage und Anbetung einfallen. Tragen Sie sie in Ihrer Gruppe zusammen!

3. Schreiben Sie doch mal auf – damit es Ihnen regelrecht vor Augen steht –, wofür Sie Gott heute ganz konkret dankbar sein können, wofür Sie ihn anbeten oder anklagen, worum Sie ihn bitten. Tun Sie es jeder für sich! Dann lesen Sie einander – in aller Freiheit – Ihre Punkte vor und beten auf diese Weise gemeinsam.

4. Wenn Sie mögen, beten Sie das Vaterunser als Abschluss Ihrer Gebetszeit gemeinsam. Was ist für Sie der Unterschied, wenn Sie es leise für sich beten oder laut in der Gruppe?

5. Viele leiern das Vaterunser – gerade weil es sehr bekannt ist – fast schon routinemäßig herunter. Inwiefern kann die Erkenntnis der Struktur des Vaterunsers Ihnen helfen, dieses Gebet bewusster zu beten?

6. Nach dieser Einheit finden Sie „Das Vaterunser mal anders". Wenn Sie wollen, lesen Sie es sich zur Einstimmung auf die weiteren Einheiten als Abschluss dieses Treffens durch – vielleicht in Ihrer Gruppe mit verteilten Rollen.

Erläuterungen

Zusammenfassung: Dieser Abschnitt ist der Bergpredigt Jesu entnommen. Im Aufbau der Bergpredigt kann man konzentrische Kreise finden, d. h., Anfang und Ende sind jeweils thematisch aufeinander bezogen. Folgende Übersicht soll dies veranschaulichen:

Im äußeren Rahmen (Mt 5,1+2 und 7,28-8,1) werden die Rahmenbedingungen geschildert. Zum einen geht Jesus auf einen Berg, um dort diese Rede zu halten. Zum anderen redet er zu seinen Jüngern, wobei auch das umherstehende Volk seine Worte mitbekommt und ebenfalls

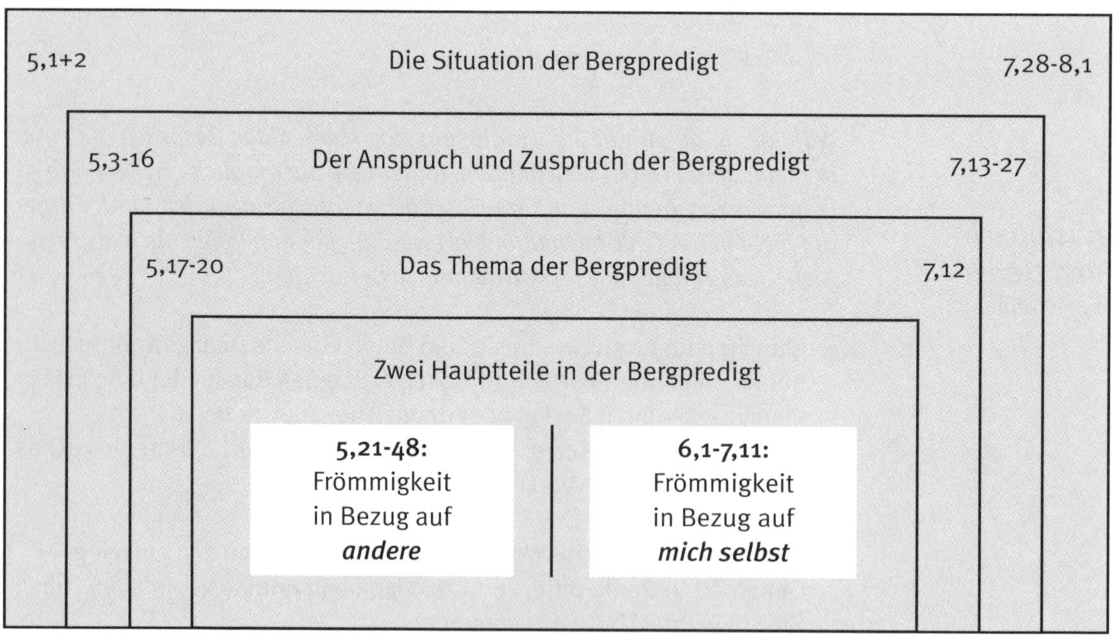

angesprochen werden soll. Im zweiten Rahmen (5,3-16 und 7,13-27) beschreibt Jesus zunächst den Anspruch und den Zuspruch der Bergpredigt und thematisiert dabei, was es heißt, ihm nachzufolgen. Die Seligpreisungen (5,3-12) betonen den sogenannten Tun-Ergehen-Zusammenhang, d. h., dass jedes Tun eine entsprechende Folge nach sich ziehen wird. Mit den Gleichnissen von Salz und Licht (5,13-16) hebt Jesus die Opferbereitschaft hervor, die die Nachfolge fordert. Demgegenüber unterstreichen seine sechs Bildworte in 7,13-27 die Ernsthaftigkeit in der Nachfolge (1. und 2. Bild: Jesus provoziert unter den Menschen die Scheidung zwischen Christen und Nichtchristen; 3. und 4. Bild: Jesus provoziert in der Gemeinde die Scheidung zwischen wahren und falschen Gemeindeleitern; 5. und 6. Bild: Jesus bringt bei den Gemeindegliedern die Scheidung zwischen denen, die lediglich Mundhelden sind, und denen, die ganz auf Jesus bauen).

Anschließend formuliert Jesus im dritten Rahmen (5,17-20 und 7,12) die zentrale These der Bergpredigt: Jesus-Nachfolge zeigt sich im Tun des Gesetzes, d. h. in der Liebe gegenüber jedermann. Damit ist nicht eine pflichtmäßige Einhaltung des Gesetzes gefordert, wie es die Gegner Jesu tun, sondern eine Liebe, die sich an der Liebe Jesu orientiert. Die Liebe, die er vorlebt, das ist die bessere Gerechtigkeit, die Gott gefällt. Jedem ist Liebe entgegenzubringen, also auch dem Zöllner, dem Sünder, dem Heiden, ... Das ist für Pharisäer und Schriftgelehrte neu, sie orientieren sich lieber an Ihresgleichen.

Aus diesem Verständnis heraus kann Jesus nun im Zentrum der Bergpredigt (5,21-7,11) Konsequenzen für das konkrete Glaubensleben aufzeigen. Zum einen nennt er Konsequenzen in Bezug auf das Miteinander mit anderen (5,21-48), zum anderen in Bezug auf den Einzelnen und sein Glaubensleben (6,1-7,11).

Unser Abschnitt ist diesem zweiten Hauptteil entnommen, der der eigenen Frömmigkeit gewidmet ist. Mt 6,1 stellt dabei die Überschrift für den gesamten zweiten Hauptteil dar. Der griechische Urtext formuliert wörtlich: „Habt acht, eure *Gerechtigkeit* vor den Menschen zu üben!“ Jesus hat uns vor Gott gerecht gemacht, davon soll nun im Leben eines Gerechten etwas zu sehen sein.

Dies aber zu missbrauchen, um von Menschen bewundert zu werden, widerspricht dem, wozu Gott gerecht gemacht hat. Wer seinen Glauben öffentlich zur Schau stellt, wird von Gott keinen Lohn erhalten. In Mt 6,2-18 führt Jesus diesen Grundsatz an drei Beispielen aus, die für jeden frommen Juden damals zum Einmaleins der Glaubenspraxis gehörten: Almosengeben (6,1-4), Gebet (6,5-15) und Fasten (6,16-18).

Bei der Schilderung dieser drei Beispiele ist der Aufbau jeweils ähnlich: Zuerst wird das Tun der Heuchler als Negativfolie vorangestellt. Als Konsequenz daraus folgt, dass sie, weil sie ihren Glauben vor Menschen üben, ihren Lohn schon erhalten und von Gott nichts weiter zu erwarten haben. Danach zeigt Jesus seinen Hörern, wie sie ihren Glauben in rechter Art praktizieren können, nämlich im Verborgenen. Wer so tut, wird Lohn von Gott erwarten dürfen.

6,5. „Betet nicht wie die Heuchler! Sie beten gern in den Synagogen und an den Straßenecken, um gesehen zu werden. Ich sage euch: Diese Leute haben sich ihren Lohn schon selber ausbezahlt!“ Bei **Heuchler** ist in erster Linie an die zu denken, die Jesus sowohl in der Bergpredigt (vgl. Mt 5,20) als auch sonst in den Evangelien (vgl. 23,13: „Wehe euch, ihr Pharisäer und Schriftgelehrten! Ihr seid Heuchler!“) als Gegner gegenüberstehen: Pharisäer und Schriftgelehrte. Doch darüber hinaus meint Jesus wohl auch diejenigen, die ihnen nacheifern und sie sich als Vorbilder nehmen.

Wie sieht ihr geheucheltes Gebet aus? Sie beten so, dass sie gesehen werden – in der Synagoge und auf öffentlichen Plätzen und Straßen. Die Gebetszeiten waren zu Zeiten Jesu festgelegt (morgens, mittags und abends) und wurden auch dann eingehalten, wenn man z. B. unterwegs war. Daher war das Bild eines Beters auf offener Straße keine Seltenheit. Doch dahinein mischt sich ein anderes Motiv: Jeder soll es sehen! Denn insgeheim will man gerne bewundert werden. Vermutlich war der ursprüngliche Antrieb durchaus davon motiviert, dass Drumherumstehende es ihnen gleichtun und die Gebetszeit beachten sollten. Sie wollten andere mit ihrem Gebet bewegen, es ebenfalls zu tun. Doch so, wie man es nicht hinausposaunen soll, wenn man opfert (6,2) oder eine Leidensmiene nicht die Fastenanstrengungen demonstrieren soll (6,16), so ist auch das Gebet nicht für die Öffentlichkeit bestimmt. Zu leicht wird aus einem edlen Spender ein eitler Spender, aus einem ehrlichen Faster ein eingebildeter Faster, aus einem aufrechten Beter ein prahlerischer Beter – schlicht: der Held des Tages. Dann ist man, so Jesus, ein Heuchler. Denn wer so handelt, motiviert weniger, sondern stellt sich dar. Er hat seinen Lohn bereits bekommen und **von Gott nichts weiter zu erwarten.**

Der griechische Urtext spricht von Lohn, den Gott geben möchte. Ein von Gott zu erwartender Lohn ist nicht so zu verstehen wie in einem Vertragsverhältnis die Bezahlung eines Arbeitnehmers durch den Arbeitgeber. Gottes Lohn ist vielmehr seine Anerkennung – wie sich ein Vater über sein Kind freut, wenn es etwas gut gemacht hat. Gott möchte sich darüber freuen, wie wir unseren Glauben leben. Die Erhörung von Gebeten als Lohn anzusehen, scheidet m. E. aus. Denn was sollte dann der Lohn beim Almosengeben oder beim Fasten sein?

Gott gefällt kein heuchlerisches Verhalten, weil es weniger mit Glaube zu tun hat als vielmehr mit menschlicher Ehrsucht. Darum ist er nicht bereit, dies auch noch als gute Tat anzusehen. Dort versagt er seine göttliche Anerkennung, d. h., Prahl-Christen müssen lediglich mit dem Applaus ihrer Bewunderer vorliebnehmen. Sie haben also nur irdische Anerkennung, doch keine himmlische.

Gebet ist etwas Intimes zwischen Gott und mir, was andere erst mal nicht mitzubekommen brauchen. Darum:

6,6. „Wenn du beten willst, geh in dein Zimmer, schließ die Tür hinter dir zu, und bete zu deinem Vater. Und dein Vater, der auch das Verborgene sieht, wird dich dafür belohnen.“ Anstatt darauf zu setzen, dass andere mir auf die Schulter klopfen, soll ich so beten: kein großes Gehabe daraus machen, es nicht an die große Glocke hängen, sondern mich zurückziehen in die eigenen vier Wände. Selbst Familienmitglieder sind kein geeignetes Forum für meine Gebete. Sondern **hinter verschlossener Tür** soll es geschehen. Zwiesprache mit meinem Vater – ungesehen, unbeachtet, ungestört.

Zu Jesu Zeiten bestanden die meisten Bauernhäuser aus nur einem Raum. Lediglich zu einer Kammer gab es eine Tür, und die war abschließbar: die Vorratskammer. Sie hatte auch kein Fenster. Keiner konnte hinaus-, geschweige denn hineinsehen – genau der gegenteilige Ort dessen, was die Heuchler suchten. Doch so gefällt es Gott, wenn er meine ungeteilte Aufmerksamkeit hat, wenn ich als sein Kind sozusagen bei ihm auf seinem Schoß sitze und mich ihm anvertraue.

Damit sagt Jesus nichts gegen Gebetsgemeinschaft, z. B. im Hauskreis, oder gegen Gebet in der Familie, z. B. abends oder vor dem Essen. Und selbstverständlich wird auch im Gottesdienst öffentlich gebetet. Das will Jesus nicht untersagen, er besuchte ja selber regelmäßig die öffentlichen Gebete im Synagogengottesdienst. Doch er gibt zu bedenken, dass Beter immer in der Gefahr stehen, ihr Gebet für ihr Ansehen zu missbrauchen.

Der Vater, der auch **das Verborgene sieht** und meine geheimsten Gedanken kennt, weil er durch seinen Heiligen Geist auch dann noch bei mir ist, wenn ich mutterseelenallein irgendwo im hintersten Winkel mein Gebet spreche, wird mich **belohnen**. Denn solch ein Gebet erhört er gerne. Doch auch hier verspricht Jesus keinen Automatismus; vielmehr bleibt die Erhörung eines Gebets unter göttlichem Vorbehalt (vgl. Einheit 1).

Verständlich, dass da schnell die Frage aufkommt: Kann man denn nicht noch etwas machen? Können wir Gott nicht irgendwie beeinflussen? Gibt es keine Möglichkeit, wie wir Gott noch aufmerksamer auf uns machen können, damit er unser Gebet lieber und schneller erhört? Vielleicht kann die folgende Erläuterung Antwort auf diese Fragen geben.

6,7+8. „Leiere nicht endlose Gebete herunter wie Leute, die Gott nicht kennen. Sie meinen, sie würden bei Gott etwas erreichen, wenn sie nur viele Worte machen. Folgt nicht ihrem schlechten Beispiel, denn euer Vater weiß genau, was ihr braucht, noch ehe ihr ihn um etwas bittet.“ Jesus warnt davor, Gott anschubsen zu wollen. Vermutlich hat er dies auch bei den erwähnten Heuchlern so beobachten können. Sie machen **viele Worte** – und erhoffen so, bei Gott besser anzukommen. Doch ein wortreiches Gebet ist kein Zaubermittel, um Gott williger zu stimmen. Gott kennt unsere Motivation, er sieht unsere Gründe, warum wir beten. Geht es uns darum, dass wir mit unseren Dingen zum Erfolg kommen oder dass Gott zum Zug kommt und sein Reich sichtbarer wird? Was ist uns wichtiger: die Erfüllung unserer Wünsche oder dass sein Wille geschieht? Viele Worte als Druckmittel gegenüber Gott, das funktioniert nicht. Da macht Gott nicht mit. Eine andere Möglichkeit, mit besonderem Nachdruck zu beten, könnte ein besonders lautes Gebet sein oder besonders inbrünstig zu beten oder besonders ... Gott wünscht sich durchaus ein anhaltendes Gebet, ein vertrauensvolles Gebetsringen (vgl. 1 Thess 5,17: „Hört niemals auf zu beten!“), aber kein manipulatives nach dem Motto: „Viel hilft viel!“ Vielrederei, Geplapper, gezielte Wiederholung ist in Gottes Augen ein leerer Redeschwall. Davon lässt er sich nicht beeindrucken oder erweichen.

So wie es damals feste Gebetszeiten gab, war auch der Wortlaut eines Gebets zu Zeiten Jesu oftmals festgelegt. Diese Litanei der ewig gleichen Worte wurde wohl sehr übertrieben. Verkommt ein vorformuliertes, immer wieder wiederholtes Gebet zu einem gedankenlosen Geschwätz, ist dies sicher nicht im Sinne Jesu.

Die Frage bleibt: Kann ich vertrauen, dass mein **Vater genau weiß, was ich brauche?** Auch dann, wenn er mein Gebet nicht erhört? Oder es anders erhört als erhofft? Traue ich ihm zu, dass er etwas noch viel Wunderbareres machen kann, wenn er nicht so handelt, wie ich es erbete? Als Vater kennt Gott seine Kinder und ihre Bedürfnisse.

Nun geht Jesus aber sogar so weit, dass er sagt: Er weiß es, **noch ehe ihr ihn um etwas bittet.** Da stellt sich mir schnell die Frage: Ja, muss ich denn dann überhaupt noch beten, wenn er sowieso schon weiß, um was ich ihn bitten werde? Gegenfrage: Was wäre das für ein Gott, der etwas nicht weiß und erst von mir informiert werden müsste, wie es mir geht und was ich brauche? Jesu Aussage will nicht missverstanden werden, dass Gebet überhaupt unnütz sei, sondern sie ist die Eindämmung der vielen Worte. Ich soll nicht jedes Anliegen oder auch Gottes Namen zigmal in verschiedensten Varianten wiederholen. Gott gefällt ein schlichtes Gebet.

6,9-13. „Ihr sollt deshalb so beten: ‚Unser Vater im Himmel! Dein heiliger Name soll geehrt werden. Lass deine neue Welt beginnen. Dein Wille geschehe hier auf der Erde, wie er im Himmel geschieht. Gib uns auch heute wieder, was wir zum Leben brauchen. Vergib uns unsere Schuld, wie wir denen vergeben, die uns Unrecht getan haben. Lass uns nicht in Versuchung geraten, dir untreu zu werden, und befreie uns vom Bösen. Denn dir gehören Herrschaft, Macht und Ehre für alle Zeiten. Amen!‘“ Bevor wir uns das Vaterunser in den nächsten Einheiten genauer anschauen, soll hier seine innere Struktur aufgezeigt werden.

Vor Gott kann man auf fünf Arten treten: mit einer Bitte, mit einer Fürbitte, mit einem Dank, mit Anbetung oder mit einer Klage. Hier kurze Erklärungsversuche:

- **Bitte** heißt: Ich wende mich an Gott, weil ich ihm vertraue, dass er mir gibt, was ich brauche (z. B. Ps 57).
- **Fürbitte** heißt: Vor Gott trete ich ein für andere Menschen und für die Welt. Ich übernehme Verantwortung für sie (z. B. Ps 20; Kol 1,9).
- **Dank** heißt: Mein Leben und alles, was dazugehört, verstehe ich als Geschenk Gottes. Dafür danke ich ihm (z.B. Ps 103; Ps 118).
- **Lob/Anbetung** heißt: Ich wende mich hin zu Gott, der mich erschaffen hat, aber auch erlöst. Voller Staunen preise ich ihn für seine Größe und Barmherzigkeit (z. B. Ps 66; Ps 104).
- **Klage** heißt: Trauer, Wut, Zweifel und Schuld spreche ich vor Gott aus (z. B. Ps 42).

Und nun vergleichen Sie diese fünf Gebetsarten mit dem Vaterunser. Welche kommen darin vor? Richtig: lediglich zwei! Der Anfang des Vaterunsers ist die Anrede. Das Ende des Vaterunsers ist Lob/Anbetung, der Mittelteil besteht ausschließlich aus Bitten. Weder ein Dank noch eine Fürbitte oder eine Klage kommen in diesem Gebet Jesu vor.
Bedeutet dies, dass die anderen Gebetsarten weniger wichtig wären? Sicher nicht. Jesus gibt seinen Jüngern hier Formulierungshilfen, wie sie mit ihren Bitten zu Gott kommen können. Dass z. B. der Dank an Gott auch dazugehört, ist für ihn keine Frage. Das zeigt z. B. die Begebenheit in Lk 17,11-19, wo Jesus bedauert, dass von zehn geheilten Aussätzigen nur einer zurückkommt, um Gott Danke zu sagen.
Wie viele Bitten können Sie im Vaterunser ausmachen? Es sind sechs. Erkennen Sie Unterschiede bei den Bitten? Die ersten drei Bitten formulieren Anliegen, die Gott betreffen, und beginnen nach der Lutherübersetzung jeweils mit „dein". Die anderen drei Bitten betreffen unseren menschlichen Alltag und enthalten das Stichwort „uns".

Hier die Struktur des Vaterunsers – in der Formulierung nach der Lutherbibel:

Formulierungsmerkmal	Text	Gebetsart
	Vater unser im Himmel.	Anrede
Dein	*Dein Name werde geheiligt.*	Bitte
Dein	*Dein Reich komme.*	Bitte
Dein	*Dein Wille geschehe wie im Himmel so auf Erden.*	Bitte
Uns	*Unser tägliches Brot gib uns heute.*	Bitte
Uns	*Und vergib uns unsere Schuld, wie auch wir vergeben unsern Schuldigern.*	Bitte
Uns	*Und führe uns nicht in Versuchung, sondern erlöse uns von dem Bösen.*	Bitte
	Denn dein ist das Reich und die Kraft und die Herrlichkeit in Ewigkeit. Amen.	Anbetung

Mit den Worten des Vaterunsers gibt Jesus seinen Zuhörern Formulierungshilfen, wie sie wesentliche Gebetsanliegen vor Gott bringen können, die sowohl Gott betreffen als auch sie selbst. Zwei Beobachtungen:
Beim Betrachten der sechs Vaterunser-Bitten werden wir feststellen: In den ersten drei Bitten geht es um Gott (dreimal „dein") – um seine Ehre, sein Reich, seinen Willen. Doch dies geht auch uns Menschen an: Wie tragen wir zu seiner Ehre, zu seinem Reich, zum Geschehen seines Willens bei?
Umgekehrt geht es in den Bitten vier bis sechs um uns (dreimal „uns") – um unser Brot, unsere Vergebungsbereitschaft, unsere Versuchung. Doch selbstverständlich betrifft dies auch Gott. Wir beten ja zu ihm, dass er uns hilft.
Diese Verschränkung von Gott und uns macht Gebet immer aus.
Wir werden also sehen: Die ersten drei Bitten behandeln Gottes Sache, die er mit uns zusammen vorantreiben möchte. Es ist sein großes Herzensanliegen in drei verschiedenen Variationen: die Rettung seiner Menschen und ihr Leben als Gerettete. Anders ausgedrückt: Wie kann es gelingen, dass ein Mensch Christ wird und Christ bleibt? Daher darf es nicht verwundern, dass sich alle drei ersten Bitten inhaltlich eng berühren und sich letztlich um denselben Themenkreis drehen.

Bei den weiteren drei Bitten geht es um die Voraussetzungen, die gegeben sein müssen, damit wir Menschen uns gut für diese Sache Gottes investieren können. Beim Beten dieser drei Bitten schreitet man einen Weg ab von den äußeren Lebensumständen (Brot), zur ungetrübten Beziehung zum Nächsten (Vergebung), um zuletzt Gott um Bewahrung vor Not (Versuchung) zu bitten. Nur wenn wir uns über diese Dinge keine Gedanken machen müssen, sondern sie vertrauensvoll Gott anbefehlen, dass er sich darum kümmert, sind wir voll einsatzfähig für Gottes Sache. Dann können wir das Unsere zu den ersten drei Bitten beisteuern.
Natürlich kann ich mich auch für Gott und seine Sache einsetzen, wenn ich z. B. äußere Not leide (4. Bitte) – manchmal spricht mein Umgang mit notvollen Situationen sogar besonders stark –, doch leichter fällt es mir sicherlich, wenn mich keine äußere Not beeinträchtigt.
Die verbleibenden Verse 14 und 15 betrachten wir im Zusammenhang der fünften Bitte, da sie thematisch dort hingehören.

Exkurs: Das Vaterunser mal anders

„Vater unser im Himmel –"

„Ja?"

„Hab ich da gerade 'ne Stimme gehört?"

„Ja."

„Schon wieder ... Merkwürdig ... Unterbrich mich jetzt nicht ... ich bete."

„Aber – du hast mich doch gerade angesprochen!"

„Dich angesprochen? Nein, hab ich nicht. Ich hab gebetet. – Vater unser im Himmel –"

„Da! Du hast es schon wieder getan!"

„Was hab ich schon wieder getan?"

„Mich angesprochen! Du hast gesagt: ‚Vater unser im Himmel.' Nun, hier bin ich!"

„Oh, mein Gott!!!"

„Du klingst überrascht."

„Mit dir hab ich nicht gerechnet ..."

„Du rechnest also nicht damit, dass ich dir zuhöre, wenn du betest?"

„Doch ... schon ... aber nicht damit, dass du mir antwortest!"

„Nun gut, jetzt, da wir miteinander reden: Was wolltest du mir denn sagen?"

„Ich hab mir nichts Besonderes dabei gedacht ... Ich hab doch nur mein Gebet gesprochen! Ich spreche dieses Gebet jeden Abend. Ich fühl mich gut dabei und tue meine Pflicht."

„Na gut. Dann mach weiter."

„Okay. Geheiligt werde dein Name –"

„Moment mal – was meinst du damit?"

„Womit?"

„Mit ‚Geheiligt werde dein Name'?"

„Ich meine ... ich meine ... du meine Güte, ich weiß nicht, was es bedeutet. Wie um alles in der Welt soll ich das wissen? Es ist doch nur Teil dieses Gebets. Aber wo wir schon dabei sind ... Was bedeutet es denn?"

„Es bedeutet, dass du mich ehrst, dass ich dir heilig bin, dass dir mein Name wertvoll ist."

„Hey, das macht Sinn! Ich hab nie drüber nachgedacht, was es bedeutet. Danke schön! – Dein Reich komme, dein Wille geschehe, wie im Himmel, so auf Erden."

„Meinst du das wirklich?"

„Klar, wieso nicht?"

„Und was tust du dafür?"

„Tun? Wieso? Nichts, glaub ich. Ich mein, es wär schon klasse, über alles hier auf Erden die Kontrolle zu haben, so wie du sie da oben hast. Weißt du, hier unten ist es ziemlich chaotisch."

„Ja, ich weiß. Also – was tust du dafür?"

„Nun ... ich ... ich geh zur Kirche ..."

„Das ist nicht das, was ich dich gefragt habe. Was ist mit deinem aufbrausenden Temperament? Da hast du wirklich ein kleines Problem, nicht wahr? Und dann die Art, wie du mit Geld umgehst ... Du wirfst es regelrecht mit beiden Händen zum Fenster raus! Und was ist mit all diesen Zeitschriften, die du da liest?"

„Nun mach aber mal 'nen Punkt ... Hack doch nicht die ganze Zeit auf mir herum! Ich bin doch nicht schlechter als andere auch!"

„Entschuldigung ... ich dachte, du betest darum, dass mein Wille geschehe. Wenn das wirklich passieren soll, dann fängt es bei demjenigen an, der darum bittet. Bei dir zum Beispiel ..."

„Okay, ich hab verstanden ... Ich hab da wohl tatsächlich einige Schwächen ... Jetzt, wo du das sagst, fallen mir auch noch ein paar andere ein ..."

„Mir auch ..."

„Ich hab bis jetzt noch nie weiter darüber nachgedacht. Ich würd wirklich gern einige davon loswerden ... von ihnen befreit sein ..."

„Sehr gut! Jetzt kommen wir tatsächlich voran! Lass uns zusammen daran arbeiten, du und ich. Ich bin stolz auf dich!"

„Okay, Herr. Aber wenn's dir nichts ausmacht, würd ich jetzt gern hier weitermachen. Diesmal dauert es so viel länger als sonst. – Unser tägliches Brot gib uns heute ..."

„Damit solltest du dich etwas zurückhalten. Du hast Übergewicht."

„Sag mal ... Was soll denn das jetzt? Ich tue meine christliche Pflicht, und plötzlich schneist du rein und hältst mir all meine Schwächen vor!"

„Gebet ist nicht ganz ungefährlich – du könntest bekommen, worum du bittest! Vergiss nicht – DU hast mich angesprochen! Und hier bin ich! Jetzt kannst du nicht einfach so damit aufhören!"

... Stille ...

„Okay, mach weiter!"

„Ich hab Angst ..."

„Angst? Wovor denn?"

„Ich weiß, was du sagen wirst ..."

„Prüf mich doch!"

„Und vergib uns unsere Schuld, wie auch wir vergeben unseren Schuldigern."

„Was ist mit Carola?"

„Siehst du? Ich wusste es ja! Ich wusste, dass du sie anbringen wirst! Aber warum, Herr? Sie hat Lügen über mich verbreitet. Sie hat mir nie das Geld zurückgegeben, das ich ihr geliehen hatte. Ich hab mir geschworen, es ihr heimzuzahlen!"

„Aber – dein Gebet? Was ist mit deinem Gebet?"

„Ich ... ich hab's nicht so gemeint ..."

„Na, wenigstens bist du ehrlich. Aber ist es dir nicht allmählich zu schwer, dieses ganze Gepäck? All diese Bitterkeit, dieser Groll?"

„Doch, schon ... – aber ich werd mich besser fühlen, sobald ich es ihr heimgezahlt habe. Oh Mann, ich hab mir schon was ausgedacht. Sie wird sich wünschen, nie geboren worden zu sein!"

„Nein, du wirst dich nicht besser fühlen. Es wird dir dann sogar noch schlechter gehen. Rache ist nicht süß. Schau, wie unglücklich du doch bist! Ich kann das ändern!"

„Du kannst das ändern? Wie denn?"

„Vergib Carola! Dann werde ich DIR vergeben, und der Hass und die Sünde sind dann nicht mehr DEIN Problem, sondern ihres. Was dich angeht, so ist das Ganze dann für dich erledigt."

„Oh Mann, du hast ja recht. Du hast immer recht. Und noch mehr als mich rächen zu wollen, möchte ich eigentlich mit dir im Reinen sein ..." (langer Seufzer) „Okay, okay, ich vergebe ihr."

„Na, siehst du! Wunderbar! Wie geht es dir jetzt?"

„Hmmmm. Tja, eigentlich gar nicht so schlecht! Wenn man es genau nimmt: überhaupt nicht mehr schlecht! Mann, ich fühl mich regelrecht fantastisch! Weißt du, ich denke, ich werde geradewegs ins Bett gehen. Ich hab in letzter Zeit nicht allzu viel geschlafen ..."

„Ja, das weiß ich. Aber du bist mit dem Gebet noch nicht fertig. Komm schon, mach weiter!"

„Na gut. – Und führe uns nicht in Versuchung, sondern erlöse uns von dem Bösen."

„Gut! Genau DAS werde ich tun! Achte du nur darauf, dass du dich nicht wieder dahin begibst, wo du in Versuchung gerätst!"

„Was meinst du denn jetzt wieder?"

„Du weißt genau, was ich meine ..."

„Jaaaa ... ich weiß ..."

„Okay. Mach weiter. Beende dein Gebet."

„Denn dein ist das Reich und die Kraft und die Herrlichkeit in Ewigkeit. Amen."

„Kannst du dir denken, was ich wirklich herrlich finde? Womit du mich wirklich glücklich machen würdest?"

„Nein, aber ich würd's gern wissen! Ich möchte jetzt wirklich tun, was dir gefällt! Ich hab eigentlich immer nur Mist gebaut ... Ich möchte dir nachfolgen. Ich kann mir jetzt vorstellen, wie toll das sein wird! Also sag es mir! Wie kann ich dich wirklich glücklich machen?"

„Das hast du gerade getan!"

„Das hab ich?"

„Ja, das hast du! Weißt du, das, was ich wirklich herrlich finde und was mich ehrt, ist, wenn Menschen wie du mich wirklich lieben! Und ich sehe, wie diese Liebe in dir gerade zu wachsen beginnt, jetzt, wo alte Schuld aus dem Weg geräumt ist. Wir zwei haben noch einen spannenden Weg vor uns!"[1]

1 Aus: http://wegedeslebens.info/Literatur/Vaterunser.html

3 Anfang und Ende des Vaterunsers: Anrede und Lobpreis

GALATER 4,1-7

Einstieg
15–20 Minuten
Wählen Sie bitte eine oder zwei Fragen aus.

1. Tragen Sie bitte zusammen, welche Rechte und Pflichten ein Erbe hat, z. B. wenn jemand eine Firma erbt.

2. Kennen Sie ein Waisenkind, dessen Eltern gestorben sind, als es noch minderjährig war? Wie wird es sich gefühlt haben? Und wie wird der Moment gewesen sein, als es dann volljährig wurde? Was verändert sich?

3. Machen Sie sich klar, welche Hindernisse Menschen überwinden müssen, wenn sie ein Kind adoptieren wollen!

4. Wie würden Sie Ihre Stellung umschreiben, wenn Sie Gott mit „Vater“ anreden? Was drückt für Sie die Anrede „Vater“ oder gar „Papa“ aus?

5. Holen Sie sich das Bild Ihres irdischen Vaters vor Ihr inneres Auge. Denken Sie gerne an ihn? Wie haben Sie ihn erlebt? Welches ist das schönste Erlebnis mit ihm? Gibt es auch Verwundungen durch ihn? Überlegen Sie: Ein Vater kann ..., darf ..., soll ..., soll nicht ...

6. Wenn Sie Gott loben, mit welchen Worten tun Sie das? Sammeln Sie konkrete Beispiele! Warum gehören die Begriffe „Reich“, „Kraft“, „Herrlichkeit“ oder „Ewigkeit“ aus dem Schlusslobpreis des Vaterunsers dazu/nicht dazu?

Der Vater

Galater 4,1-7: 1 Überlegt einmal: Solange der Erbe noch nicht volljährig
ist, besteht zwischen ihm und einem Sklaven kein Unterschied, obwohl
ihm als Erben schon alles gehört. 2 Bis zu dem vom Vater festgesetzten
Zeitpunkt bestimmen sein Vormund und seine Vermögensverwalter über
den Besitz. 3 Genauso ging es auch uns. Wie Unmündige waren wir allen
Mächten und Zwängen dieser Welt ausgeliefert. 4 Aber zu der von Gott
festgesetzten Zeit sandte er seinen Sohn zu uns. Christus wurde wie wir
als Mensch geboren und den Forderungen des Gesetzes unterstellt. 5 Er

sollte uns befreien, die wir Gefangene des Gesetzes waren, damit Gott
uns als seine Kinder annehmen konnte. 6 Weil ihr nun seine Kinder seid,
schenkte euch Gott seinen Geist, denselben Geist, den auch der Sohn
hat. Deshalb dürft ihr jetzt im Gebet zu Gott sagen: „Lieber Vater!“ 7 Ihr
seid nicht länger Gefangene des Gesetzes, sondern Kinder Gottes. Und
als Kinder Gottes seid ihr auch seine Erben, euch gehört alles, was Gott
versprochen hat.

Matthäus 6,9+13 (L): 6 „Unser Vater im Himmel! … 13 Denn dein ist das
Reich und die Kraft und die Herrlichkeit in Ewigkeit. Amen.“

Bibelgespräch

30–45 Minuten
Wählen Sie ggf. unter den Fragen aus.

1. Was musste Gott tun, um uns als Kinder zu adoptieren?
2. Kennen Sie Forderungen aus dem jüdischen Gesetz, d. h. Dinge, die ein Jude praktizieren muss, wenn er ernsthaft Jude sein will? Und wir Christen: Welche Dinge müssen wir tun, um unser Christsein zu leben?
3. Welches Bild haben Sie von Gott? Welche Eigenschaftswörter beschreiben Gott Ihrer Ansicht nach am besten?
4. Wenn Sie an Gott denken, was überwiegt bei Ihnen: Vertrautheit oder Ehrfurcht? Wie leicht fällt Ihnen die Anrede „Vater“?
5. Paulus sagt in Galater 4, dass Sie Erbe all dessen sind, was Gott verspricht. Was beinhaltet das für Sie? Worüber können Sie sich am meisten freuen?
6. Was meint Jesus, wenn er in seinem Lobpreis am Ende des Vaterunsers Gottes Reich, Gottes Kraft und Gottes Herrlichkeit rühmt? Wo erleben Sie Gottes Reich, Kraft und Herrlichkeit? Was beinhalten diese Worte für Sie?
7. Das Vaterunser endet mit dem Lobpreis: „Denn dein ist …“ Wie sehen Sie diesen Lobpreis in Bezug auf all das Leid, die Kriege, die Armut, den Hunger, die hohe Kindersterblichkeit usw. in dieser Welt?

Austausch und Gebet

15–30 Minuten

1. Verletzungen durch den irdischen Vater können tiefe Wunden verursachen. Wie kann das biblische Vater-Bild helfen, mögliche negative Erfahrungen mit dem irdischen Vater zu korrigieren? Vielleicht erstellen Sie eine Liste mit Eigenschaften Ihres irdischen und Ihres himmlischen Vaters. Das hilft zu sehen, welche Unterschiede es gibt. Besteht die Möglichkeit, mit Ihrem irdischen Vater über Verletzungen zu reden?

2. Sammeln Sie Anliegen, die Sie gemeinsam vor Gott bringen – aus Ihrer Gruppe, Ihrem persönlichen Umfeld, aus der ganzen Welt! Versuchen Sie, Gott bewusst als Vater vor jedem Anliegen in den Blick zu nehmen und anzubeten. Was ändert sich? Und wenn Sie die einzelnen Anliegen mit einem Lobpreis auf Gottes Reich, auf seine Kraft, auf seine Herrlichkeit beenden, welche Sicht auf Ihre Anliegen bekommen Sie?

3. Den Vater-Begriff trugen die Apostel im Rahmen ihrer Missionstätigkeit in die Welt hinaus. Wie werden Sie zukünftig mit anderen über Ihren göttlichen Vater reden? Was ist Ihnen vielleicht heute (ganz neu) bewusst geworden?

Erläuterungen

Zusammenfassung: Der Galaterbrief besteht aus drei Teilen. Zuerst schildert Paulus, wie das Evangelium sich durchsetzte – bei ihm persönlich, aber auch bei anderen (Gal 1+2). Dann schließt er zwei Kapitel an, die die christliche Lehre entfalten (Gal 3+4), um in einem dritten Teil daraus ethische Konsequenzen für das Leben als Christ zu ziehen (Gal 5+6).
Unser Text steht im 2. Abschnitt des Galaterbriefes (Gal 3+4). In Kapitel 3 macht Paulus deutlich, dass ich nur aus dem Glauben an Jesus Christus vor Gott gerecht bin. Der Glaube ist also voraussetzungslos und bedingungslos von Gott geschenkt. Dies grenzt Paulus ab gegen den Versuch einer Rechtfertigung, die durch Einhaltung des jüdischen Gesetzes erworben werden will. Auf diesem Hintergrund legt er in Kapitel 4 dar, welche Folgen daraus für das Verhältnis zwischen Gott und Mensch und für das Verhältnis des Menschen zum jüdischen Gesetz entstehen (vgl. 4,1-7), und warum es unmöglich sein kann, dass Christen wieder zurückfallen in eine Lebensführung, die vom jüdischen Gesetz bestimmt ist, speziell in Bezug auf die Beschneidung (4,8-31).

4,1+2. Überlegt einmal: Solange der Erbe noch nicht volljährig ist, besteht zwischen ihm und einem Sklaven kein Unterschied, obwohl ihm als Erben schon alles gehört. Bis zu dem vom Vater festgesetzten Zeitpunkt bestimmen sein Vormund und seine Vermögensverwalter über den Besitz. Paulus bittet seine Leser, sich über einen bildhaften Vergleich Gedanken zu machen. Es ist ein Vergleich aus dem Vormundschaftsrecht: Die Eltern eines Mannes sterben, als er noch minderjährig ist. Sie hinterlassen ihm ein **Erbe.** Doch er ist wie ein **Besitzloser**, weil andere sein Erbe zu treuen Händen verwalten. Doch dies gilt nur so lange, bis der **vom Vater festgesetzte Zeitpunkt** eintritt – im Normalfall, bis der Tag gekommen ist, da der junge Mann das Alter erreicht, an dem er nach dem Gesetz volljährig ist. Nun darf und nun muss er selbstständig und eigenverantwortlich über alles Ererbte verfügen, ohne dass er irgendjemandem mehr Rechenschaft leisten müsste. Ein bewährtes juristisches Verfahren, damit der Unerfahrene das Erbe nicht durch jugendlichen Leichtsinn gefährdet.
So weit das Bild, das Paulus zeichnet. Wie wird der Tag wohl aussehen, an dem der Mann nach langem Warten sein ersehntes Erbe antritt? Wie wird er darauf hingefiebert haben?
Nun die Übertragung:

4,3. Genauso ging es auch uns. Wie Unmündige waren wir allen Mächten und Zwängen dieser Welt ausgeliefert. Uns ergeht es wie diesem Mann, sagt Paulus. Wir sind wie Erben, die **Unmündige** waren. Wir konnten nicht frei handeln, wie wir gerne wollten, sondern da waren **Mächte und Zwänge,** die uns reglementierten. Paulus meint mit „uns" Juden und Heiden. Auch wenn Juden und Heiden, bevor sie Christen werden, unterschiedlich leben, ist ihr Schicksal ganz gleich: **unmündig, ausgeliefert,** ausgebeutet, unterdrückt. Ihr Leben vor der Christusbegegnung ist von Mächten und Zwängen geprägt. Auf unterschiedliche Weise beachten Juden und Heiden z. B. „bestimmte Tage, Monate, Feste und Jahre" (Gal 4,10). Juden legen Wert auf Nebensächliches wie die exakte Abgabe von Küchenkräutern (Mt 23,23) oder übertriebene Reinigungsvorschriften (Mk 7,4). Diese sind zwar von der alttestamentlichen Thora beeinflusst, doch sie wurden in der Zeit Jesu sehr weit ausgebaut und überzogen. Überpeinlich wurde auf die Einhaltung dieser Dinge geachtet und dies als heilsrelevant propagiert. Wie kam es dazu? Exakt 613 Gebote (248 Gebote und 365 Verbote) finden sich in der Thora. Doch weil Pharisäer und Schriftgelehrte Angst hatten, ein Gebot könnte übertreten werden, bauten sie um diese Gebote der Thora zusätzlich noch weitere Gebote –

eine Art Zaun als Sicherungsmaßnahme. Ihr Motto: „Lieber wir machen vorher halt und engen uns selber ein, als dass jemand irgendein Gebot verletzt." Diese zusätzlichen Gebote unterdrückten und beuteten die Menschen aus und beschwerten ihren Alltag. Es war ein Leben unter Aufsicht.
Doch damit war auch das Gottesbild sehr geprägt von der Vorstellung eines kleinlichen Herrschers, eines haarspalterischen, kleinkarierten und engherzigen Knauserers, der spitzfindig genau aufpasst, wer etwas Falsches tut. Es war unvorstellbar, zu diesem Gott „Vater" zu sagen – darum findet sich diese Anrede im Alten Testament auch nur ganz selten. Jesus eröffnet mit der Anrede „Vater unser" eine ganz neue Dimension. Er erlaubt ein neues, revolutionäres Gottesverhältnis. Nicht mehr das Bild eines Kontrolleurs oder Aufpassers sollen wir von Gott haben, sondern das eines wohlwollenden Vaters, der großzügig gibt. Nicht Unmündige sollen wir mehr sein, sondern wir sind – um im Bild des Paulus aus V. 1+2 zu sprechen – bereits erwachsen. Dies wurden wir in dem Moment, als wir zum Glauben an Jesus kamen. Mit diesem vom Vater festgesetzten Zeitpunkt wurden wir Kinder Gottes und seine Erben.
Nun sind wir auch nicht mehr bestimmt von einem Vormund – von **Mächten und Zwängen dieser Welt** –, sondern allein der Vater hat uns etwas zu sagen. Und er knechtet nicht mit kleinlichen Geboten, sondern er hat Worte des Lebens, die frei machen.
Und nun sind wir auch Teil seines Gottesreiches. Im Schlusslobpreis des Vaterunsers bekennen wir: „Denn dein ist das Reich ..." Damit, dass wir zum Glauben an diesen Vater kamen, wurden wir Teil seines Reiches.

4,4. Aber zu der von Gott festgesetzten Zeit sandte er seinen Sohn zu uns. Christus wurde wie wir als Mensch geboren und den Forderungen des Gesetzes unterstellt. Gott selber greift ein. Weil er es nicht länger mit ansehen kann, wie dieser selbst ernannte Vormund seine Menschen unterdrückt und ausbeutet und ein falsches Bild von ihm weiterträgt. Den Moment dafür hat er sich ganz genau überlegt. Der richtige Termin zum Eingreifen und diesen üblen Vormund zu entmachten, diese **von Gott festgesetzte Zeit,** erschien ihm gekommen zu sein, als er seinen **Sohn** Jesus sandte.
Jesus wurde hineingeboren in das Leben dieses Landstrichs Israel, in die Zeit vor etwa 2000 Jahren, in das soziale Miteinander dieser einen Familie. Damit war klar, dass dieser Jesus ganz **Mensch** ist – doch zugleich ganz Gott. Er ist Jesus aus Nazareth, und er ist der **Christus** (ein Würdetitel, der sich vom hebräischen „Messias" = „Gesalbter" ableitet). Ein Wunder, das mit unserem Verstand nicht erfasst, sondern nur nachvollzogen werden kann. Bei Gott ist es möglich, dass Jesus beides zugleich ist: 100 % Gott und 100 % Mensch. Der Schöpfer wird freiwillig Geschöpf.

Als Mensch im jüdischen Land gehörte Jesus zur jüdischen Religion und wurde selbstverständlich im jüdischen Glauben erzogen. Das begann bei der Beschneidung (vgl. Lk 2,22-24) und zog sich durch bis zu den ganz alltäglichen Dingen, auch den religiösen Pflichten. Sozusagen von der Wiege bis zur Bahre bestimmte die Thora seinen Alltag, aber eben auch dieser von Pharisäern und Schriftgelehrten errichtete Sicherungszaun um die Thora. Dem allen unterstellte sich Gott in Jesus, d. h. sowohl den in der Thora festgelegten **Forderungen des Gesetzes** als auch den zusätzlichen menschlichen Geboten. Im Philipperbrief formuliert Paulus (Phil 2,7b+8): „Er nahm menschliche Gestalt an und wurde wie jeder andere Mensch geboren. Er erniedrigte sich selbst und war Gott gehorsam bis zum Tod, ja, bis zum schändlichen Tod am Kreuz."
Doch einen Unterschied gab es: Jesus lebte, wie es außer ihm keiner konnte: ohne Sünde (vgl. Hebr 4,15).
Der jüdische Glaube war mit der Zeit, verbogen vom Leistungsgedanken, eine Einhaltungsreligion geworden. Dies und jenes war einzuhalten, um Gott zu gefallen. Sehr traurig, dass dieser Gott ein ferner Gott blieb, der in den Köpfen der Menschen mit erhobenem Zeigefinder dastand. Doch:

4,5. Er sollte uns befreien, die wir Gefangene des Gesetzes waren, damit Gott uns als seine Kinder annehmen konnte. Dies wollte Gott so nicht belassen. Er wollte **befreien** aus dem engen Korsett eines Glaubens, der ein völlig falsches Bild von ihm transportierte. Nicht länger **Gefangene des Gesetzes** sollten seine Menschen sein, sondern Gottes **Kinder.** Im Bild des Erben macht er aus Unmündigen Erwachsene. Dies erreicht er, indem er uns vor Augen stellt, wie er wirklich ist – er stellt sich persönlich vor. Gott wird Mensch. Der Vater, der Schöpfer, der Allmächtige macht sich klein und gering und kommt zur Welt. Seine Menschen sollten sehen und glauben, wie gut er es mit ihnen meint. Paulus denkt hier umfassend von der Menschwerdung Gottes bis hin zu Jesu Kreuzestod und seiner Auferstehung. Wer das alles erkennt und glaubt, der ist Gottes Kind und damit nicht mehr unmündig, sondern erwachsen.
Gott **befreit** durch Jesus. Doch Gott befreite nicht, indem er die Forderungen des Gesetzes einfach beiseiteschob (vgl. Mt 5,17a: „Meint nur nicht, ich sei gekommen, das Gesetz und die Worte der Propheten aufzuheben."), sondern indem er sie erfüllte (vgl. Mt 5,17b: „Ich werde vielmehr beides bekräftigen und erfüllen."). Jesus begab sich ganz unter alle Forderungen des Gesetzes, um sie so quasi von innen heraus zu sprengen. D. h., er brachte alle Gebote so zur Geltung, wie der Vater sie ursprünglich gedacht hatte.
Deshalb verwendet Paulus im griechischen Urtext für „befreien" ein Wort, das an den (Sklaven-)Marktplatz einer

Stadt erinnert. Gott kauft uns Menschen, wie damals Sklaven gekauft wurden. Doch er kauft nicht, um erneut in die Sklaverei zu führen, sondern er nimmt seinen erworbenen Sklaven an Kindes statt an. Er sagt: „Du bist mein geliebtes Kind, mein Sohn/meine Tochter". Er adoptiert den, für den er eine irrsinnige Summe hingeblättert hat: Das Lösegeld ist sein eigener Sohn Jesus. Dieser rechtsgültige Vorgang des Freikaufs und der Adoption ist das, was wir mit Glauben umschreiben. Die Konsequenz daraus:

4,6. **Weil ihr nun seine Kinder seid, schenkte euch Gott seinen Geist, denselben Geist, den auch der Sohn hat. Deshalb dürft ihr jetzt im Gebet zu Gott sagen: „Lieber Vater!"** Jeder, der von Gott so unverdient angenommen ist, der „geadelt" und zum Königskind gemacht wurde, kann nun voller Stolz und zugleich voller Demut sagen: „Ich bin sein Kind! Von ihm geliebt! Nicht weil ich es wert war, sondern weil er mich für wertvoll erachtet hat." Gottes Liebe entzündet sich nicht an seinem Gegenüber, sondern er erschafft sich das Liebenswerte. Gott macht mich zu seinem Kind.
Darum gilt 1 Kor 12,3: „Keiner kann bekennen: ‚Jesus ist der Herr!', wenn er nicht den Heiligen Geist hat." Gottes **Heiliger Geist** versetzt mich in die Lage, Gott als Gott anzuerkennen und Jesus als Herrn anzubeten. Erst indem Gott dem Sklaven die Freiheit schenkt, kann der ihn loben. Zuerst ist Gott durch seinen Geist aktiv und verändert das Herz des Menschen, sodass dieser voller Freude Jesus bekennt. Dieser Heilige Geist ist der Einzige, der mit dem gottfernen Herzen des Menschen (s. Einheit 1) fertigwird und es durch seine Kraft verwandelt.
Und dieser Geist Gottes will nun nichts anderes erreichen, als dass Jesus in unserem Leben groß gemacht wird, weil er der Geist Jesu ist. Dies tut er mit seiner Kraft, die im Schlusslobpreis des Vaterunsers betont wird. Der Weltenlenker, der mit seiner Kraft seinen Sohn sandte, ist der, der mit seiner Kraft auch in meinem Leben wirkt und mein Herz verwandelt. Und durch seine Kraft wird er auch durch mich handeln (mehr dazu bei den Vaterunser-Bitten 1–3).
Im Herzen des Menschen wohnt nun der Heilige Geist. **Jetzt,** d. h. auf diese Art verwandelt, neu geboren, adoptiert, schlägt das Herz des ehemaligen Sklaven für Gott und sieht in ihm den Liebenden, der nicht knechtet, sondern frei macht. Er sieht den, der nicht kleinlich auf das Defizit achtet, dass ich schon wieder nicht alle Gebote gehalten habe – und erst recht nicht irgendwelche dazuerfundenen. Sondern dieses durch den Heiligen Geist verwandelte Herz erkennt den Gott, der sich nichts sehnlicher wünscht, als ganz vertraut mit seinem Kind zusammen zu sein. Und es erkennt den, der all seine Macht dransetzt und Weltgeschicke lenkt (vgl. V. 4) und nicht einmal davor zurückschreckt, seinen einzigen Sohn zu senden (vgl. Joh 3,16), nur damit er mich adoptieren kann.

Daher kann die angemessene Anrede nicht mehr länger nur ein distanziertes „Jahwe" sein, der Name Gottes aus dem Alten Testament, sondern „Vater". Es ist kein reserviertes „Vater", sondern ein **lieber Vater** = Papa. Im Griechischen benutzt Paulus das Wort „Abba", das so eine innige, intime, familiäre Nähe ausdrückt wie unser Wort Papa. Röm 8,15b bestätigt das: „Jetzt können wir zu Gott kommen und zu ihm sagen: ‚Vater, lieber Vater!'" Der Geist Gottes bewirkt solch ein Wunder an und in unserem Herzen – d. h. die Gotteskindschaft und diese glückselige Anrede. In dieser Anrede schwingt grenzenloses Vertrauen und tiefste Ehrfurcht mit. Dieses Wissen, ich bin sein geliebtes Königskind, darf immer mitschwingen, wenn ich bete: „Vater unser ..." Er hat alles in Bewegung gesetzt, mein Vater zu sein, weshalb ich ihn bewundernd anbete.

4,7. **Ihr seid nicht länger Gefangene des Gesetzes, sondern Kinder Gottes. Und als Kinder Gottes seid ihr auch seine Erben, euch gehört alles, was Gott versprochen hat.** Noch einmal bekräftigt Paulus die unumstößliche Tatsache: Aus der Sohnschaft folgt Erbschaft. **... nicht länger Gefangene des Gesetzes, sondern Kinder Gottes.** Gott freut sich durchaus über die Einhaltung der Gebote, doch das Wichtigste ist ihm die Nähe zu seinem Kind. Nicht durch die Einhaltung von Geboten wird man Kind, sondern aus Gnade, durch Christus (vgl. Gal 2,16). Und so, quasi auf dem Schoß des Vaters, merkt ein Kind schnell, ob es seinem Vater Freude macht oder nicht, ob es entsprechend dem Vater lebt oder nicht. Denn Gottes Geist zeigt ihm, was der Vater will. Paulus betont: **Ihr seid ...!** Daran gibt es nichts zu rütteln, nichts kann daran etwas ändern (vgl. Röm 8,31-39). Gott hat uns freigekauft! Allein diese Wahrheit seiner unverdient entgegengebrachten Liebe, die außerhalb von mir felsenfest steht, kann mich gewiss machen. Ich habe nichts dazu beigetragen, dass er mich liebt und adoptiert, sondern werde schlicht und einfach beschenkt. Darum kann ich nicht anders, als mich zu freuen. Aus dieser Freude heraus gestalte ich nun meinen Alltag auf dem Schoß des Vaters.
Als Folge dieser Tatsache der Gotteskindschaft sind wir **Erben.** Damit **gehört** uns **alles, was Gott versprochen hat.** Röm 8,16+17a: „Gottes Geist selbst gibt uns die innere Gewissheit, dass wir Gottes Kinder sind. Als seine Kinder aber sind wir – gemeinsam mit Christus – auch seine Erben." Was umfasst die Erbmasse des himmlischen Vaters? Da ist zum einen seine ganze Zuwendung, die in Jesus Christus begonnen hat zu der „von Gott festgesetzten Zeit" und nicht wieder abreißen wird. Dieses Nahesein Gottes, sein Beistand und Mitgehen ist das eine Wesentliche.
Zum Erbe gehört auch die Zusage der Erhörung unserer Gebete. Gott hat versprochen, sich um die Belange seines Kindes zu kümmern. Darum beten wir: voller Vertrauen „Vater unser ..."

Das Erbe umfasst aber auch Gottes zukünftiges Reich. Nach unserem Tod ist nicht alles aus, sondern das Leben geht weiter bei Gott und mit Gott. Und das sogar ohne die Distanz, die jetzt unser Gottesverhältnis ausmacht. Wir werden ihn mit eigenen Augen sehen, von Angesicht zu Angesicht (vgl. 1 Kor 13,12; 2 Kor 5,7).
Kein Erbe kann etwas dazu, dass er erbt. Er hat sein Erbe nicht verdient, sondern tritt es schlicht an, übernimmt es als Geschenk der Eltern. Die einzig angemessene Haltung ist darum Dankbarkeit.

Wenn Jesus das Vaterunser mit der Anrede **„Vater“** beginnt, betont er die innige Nähe, die ein Gotteskind zu seinem himmlischen Vater haben darf. Diese Nähe schafft Gott durch seinen Heiligen Geist. Auch wenn im Griechischen hier nicht „Abba = Papa“ steht, sondern das allgemeine Wort für Vater, ist hier dennoch diese innige Nähe ausgedrückt. Wer so sein Gebet beginnt – als beschenktes, adoptiertes, ja geadeltes Kind –, hebt die Augen auf zu dem, auf dessen Schoß es sitzt. Er wird gewahr, welch unermessliche Liebe dieser Vater für es empfindet und auch welche Macht dieser Vater hat. Diese Anrede ermutigt, ganz ehrlich zu werden, ganz kindlich mit allen Anliegen zu kommen, sich vom Vater tief ins Herz schauen zu lassen, dem allmächtigen Vater alles zuzutrauen. Gottes Geist ermutigt mich dazu. So bin ich ganz bei Gott, öffne mich ihm, dass sein Blick das Innerste meines Herzens durchflutet.
Als Einzelner stehe ich vor diesem Gott. Das ist neu für Menschen jüdischen Glaubens, die sich bislang immer als das Kollektiv Israel vor Gott kannten. Diese neu gewonnene, persönliche Gottesbeziehung weitet Jesus jedoch zugleich aus und führt mich zu der Erkenntnis: Mein Vater ist zugleich auch der Vater der anderen: Vater **unser.** Wie Gott mich liebt und mich zu sich zieht, so auch meinen Nachbarn, meinen Arbeitskollegen, meinen Vereinskameraden ... Alle Gotteskinder gehören zu einer Gottesfamilie. Das heißt: Wenn ein anderer sich freut, freue ich mich mit. Wenn ein anderer weint, trauere ich mit ihm mit. Weil wir denselben Gott haben, werden seine Anliegen zu meinen Anliegen. Sein Ergehen wird zu meinem Ergehen und umgekehrt – wir teilen miteinander (vgl. 1 Kor 12,26). Solch eine Liebe prägt das Miteinander unter Geschwistern (vgl. 1 Joh 4,12).
In der Anrede folgt nun scheinbar noch eine Ortsangabe: **im Himmel**. Doch ist das wirklich eine Ortsangabe? Ist es vorstellbar, dass Gott in Jesus den Himmel verlässt, um sich dann wieder dorthin zurückzuziehen? Wohl eher nicht! Im Englischen gibt es für Himmel zwei Worte: „sky“ und „heaven“. Das erste steht für den sichtbaren Himmel – von der irdischen Atmosphäre bis hin zum Weltall –, das zweite für den religiös-göttlichen Bereich – mit menschlichen Augen nicht wahrnehmbar. Der Gott, der Himmel und Erde gemacht hat (vgl. 1 Mo 1,1), zieht sich nicht zurück, sondern wohnt durch seinen Heiligen Geist in unseren Herzen. „Im Himmel“ ist daher keine Ortsangabe, sondern ein Ehrentitel, der seinen Herrschaftsbereich umschreibt: Dieser himmlische Vater hat Macht über alles.
In der Anrede „Vater unser im Himmel“ ist beides zusammengehalten: enge Vertrautheit (Anrede „Vater“) und ehrfürchtiges Staunen (Stichwort „im Himmel“). Diese beiden Pole machen das Gottesverhältnis aus.
Der Lobpreis **„Denn dein ist das Reich und die Kraft und die Herrlichkeit in Ewigkeit. Amen.“** wurde bereits in einigen sehr alten Bibelhandschriften dem Vaterunser hinzugefügt und ist seit etwa 100 n. Chr. belegt. Ob er ursprünglich dazugehörte, kann nicht mit Gewissheit gesagt werden. Er ist nach evangelischer Tradition Teil des Vaterunsers. In der katholischen Messe kann der Priester zwischen dem eigentlichen Vaterunser und dem Lobpreis noch weitere Bitten einfügen. Im orthodoxen Gottesdienst spricht der Priester nach dem Vaterunser in Anknüpfung an Johannes Chrysostomos (350–407 n. Chr.) eine verlängerte Form des Lobpreises: „Denn dein ist das Reich und die Kraft und die Herrlichkeit, des Vaters und des Sohnes und des Heiligen Geistes, nun und für alle Zeiten, und von Ewigkeit zu Ewigkeit.“
In diesem Lobpreis ist ein Wort zentral und unabdingbare Wahrheit: „... ist ...“ Dieser Gott ist von Anbeginn an, bis heute, und wird es bleiben.
Gott hat sein **Reich** durch Jesus errichtet. Indem er durch seine **Kraft** immer weiter Menschen als Kinder annimmt und zu Erben einsetzt, baut er an seinem Gottesreich weiter – so lange, bis Jesus wiederkommt. Doch damit enden sein Reich und seine Kraft nicht. Gott hat durch die Auferweckung seines Sohnes den Tod überwunden. Daher prägt seine Kinder die Hoffnung, dass der Tod für sie nicht das Ende ist, sondern dass Gott seine Auferstehungskraft auch an ihnen erweisen wird. Dann wird er sie mitnehmen in seine ewige **Herrlichkeit**. Dort wird alles sehr gut sein (vgl. Offb 21,3-5). Des Vaters unmittelbare Nähe wird unser ganzes Glück sein.
Dieses Erbe wartet auf Gottes Kinder. Sie werden es voller Freude antreten. Doch bis es so weit ist, beten wir heute schon voller Vorfreude unseren Gott an mit: „Vater unser im Himmel ... dein ist das Reich und die Kraft und die Herrlichkeit in Ewigkeit.“
Das abschließende **Amen** heißt so viel wie: „So ist es“. Es bedeutet die Bejahung oder Bekräftigung des Gesagten. Augustinus sagt: „Amen sagen heißt unterschreiben.“ Demnach bedeutet Amen sagen ein Nichtzweifeln daran, dass Gott mein Gebet erhört – in seiner großen Liebe, Kraft und Gnade.

4 Die erste Vaterunser-Bitte: „Dein Name werde geheiligt."

1. PETRUS 1,13-19

Einstieg
15–20 Minuten
Wählen Sie bitte eine oder zwei Fragen aus.

1. Woran denken Sie, wenn Sie das Wort „heilig" hören?

2. Was könnte das Gegenteil von „etwas heiligen" sein? Wie konkret sieht das aus?

3. Gibt es für Sie heilige Orte, heilige Riten, heilige Zeiten, heilige Menschen ...?

4. Rumpelstilzchen freut sich, dass keiner seinen Namen kennt. Einen Namen zu haben eröffnet bisweilen Türen. Was bedeutet Ihnen Ihr Name? Wissen Sie, wofür er steht?

5. Wie heißt Gott bzw. welcher ist sein Name?

Ein neues Leben

1. Petrus 1,13-19: [13] Darum seid bereit, und stellt euch ganz und gar auf das Ziel eures Glaubens [die Ewigkeit bei Gott] ein. Lasst euch nichts vormachen, seid nüchtern und richtet all eure Hoffnung auf Gottes Barmherzigkeit, die er euch in vollem Ausmaß an dem Tag erweisen wird, wenn Jesus Christus für alle sichtbar kommt. [14] Weil ihr Gottes Kinder seid, gehorcht ihm und lebt nicht mehr wie früher, als ihr euch von euren Leidenschaften beherrschen ließt und Gott noch nicht kanntet. [15] Der heilige Gott hat euch schließlich dazu berufen, ganz zu ihm zu gehören. Danach richtet euer Leben aus! [16] Genau das meint Gott, wenn er sagt: „Ihr sollt heilig sein, denn ich bin heilig." [17] Ihr betet zu Gott als eurem Vater und wisst, dass er jeden von euch nach seinem Verhalten richten wird; er bevorzugt oder benachteiligt niemanden. Deswegen führt euer Leben in Ehrfurcht vor Gott, solange ihr als Fremde mitten unter den Menschen lebt, die nicht an Christus glauben. [18] Denkt daran, was es Gott gekostet hat, euch aus der Sklaverei der Sünde zu befreien, aus einem sinnlosen Leben, wie es schon eure Vorfahren geführt haben. Christus hat euch losgekauft, aber nicht mit vergänglichem Silber oder Gold, [19] sondern mit seinem eigenen kostbaren Blut, das er wie ein unschuldiges, fehlerloses Lamm für uns geopfert hat.

Matthäus 6,9 (L): „Dein Name werde geheiligt."

Bibelgespräch

30–45 Minuten
Wählen Sie ggf. unter den Fragen aus.

1. Es gibt die lateinische Redensart „Nomen est omen", was frei übersetzt werden kann mit „Der Name ist Programm". Wie sieht Gottes Programm aus? Für was steht sein Name bzw. für was steht er mit seinem Namen?

2. Wie beschreiben oder definieren Sie „heilig"? Was gehört für Sie dazu, was nicht? Was wäre in Ihren Augen schein-heilig?

3. Welche Motivation haben Sie, so zu leben, wie es gottgefällig ist? Warum tun Sie bestimmte Dinge? Warum lassen Sie bestimmte Dinge?

4. Was würden Sie an Gottes Stelle als Majestätsbeleidigung werten?

5. Was tragen Sie dazu bei, dass dieser Vater, der beim Vaterunser angesprochen wird, bekannt gemacht wird? Werden Sie konkret: Wie machen Sie das?

6. Worin besteht für Sie die Grenze zwischen Werkgerechtigkeit, d. h. sich bei Gott etwas durch gute Taten verdienen zu wollen, und tätigem Glauben?

7. Was denken Sie über Gottes Gericht? Was empfinden Sie beim Nachdenken darüber?

Austausch und Gebet

15–30 Minuten

1. Gibt es bei Ihnen Lebensbereiche, die unheilig sind – die nicht von Gottes Heiligkeit erzählen? Wenn ja, sind Sie bereit, daran etwas zu ändern? Welche konkreten Dinge fallen Ihnen ein, die Sie in Ihrem Denken, Reden oder Tun ändern sollten?

2. Das 4. Gebot lautet (2 Mo 20,7): „Du sollst meinen Namen nicht missbrauchen, denn ich bin der Herr, dein Gott!" Was bedeutet dieses Gebot für Sie? Nehmen Sie den Namen Gottes in den Mund, ohne ihn zu meinen – indem Sie z. B. „O Gott", „O Je(sus)" oder „Gott sei Dank" sagen? Wie reden Sie mit anderen über Jesus?

3. Werden Sie diese Vaterunser-Bitte zukünftig anders beten als bisher? Warum?

Erläuterungen

Zusammenfassung: Der 1. Petrusbrief ist ein Schatzkästchen an wertvollen Gedanken und hilfreichen Worten. Sein Aufbau ist eher assoziativ, d. h., der Autor kommt von einem Gedanken auf den anderen und springt in seiner Themenwahl. Daher ist es nicht immer leicht, einen „roten Faden" zu finden bzw. zu verstehen, wie ein Gedanke mit dem nächsten zusammenhängt.
Das Stichwort „heilig" aus dieser ersten Vaterunser-Bitte begegnet bereits am Anfang des Briefes, wenn es heißt (1,2): „Durch die Kraft des Heiligen Geistes könnt ihr jetzt Jesus Christus als euren Herrn anerkennen ..." Der Heilige Geist macht heilig. Das bedeutet: Menschen bekommen durch den Heiligen Geist Anteil an Gottes Heiligkeit. Unsere Heiligkeit bezieht sich eng auf Gottes Heiligkeit – sie sind miteinander verzahnt. Der Heilige Geist macht mich vor Gott heilig, d. h. recht vor Gott, sodass ich vor ihm bestehe. Bin ich auf diese Weise durch den Heiligen Geist heilig gemacht, hilft er mir zu erkennen, wie ich in meinem Leben Gottes Heiligkeit widerspiegeln kann. Gottes Heiligkeit wird für mich zum Leitbild, wie ich heilig lebe. Losgelöst vom Heiligen bin ich nie heilig. Mein Heiligsein ist abhängig von seiner Heiligkeit.
Ist jemand in den Zustand der Heiligkeit versetzt, kann er Jesus Christus anerkennen und hat damit Hoffnung über sein irdisches Leben hinaus. Das ist der erste Hauptgedanke des 1. Petrusbriefes (1,3-9): Christen haben Hoffnung, dass mit ihrem Tod nicht alles aus ist, sondern dass es mit Gott bei Gott weitergeht. Das ist ihre bestimmende Lebensperspektive in jeder Lebenslage. Von dieser Aussicht wollten schon die Propheten des Alten Testaments gerne mehr erfahren (1,10-12). Ihnen hat Gott erste Einblicke gegeben, z. B. dass der Messias leiden wird. Doch mehr erkannten sie nicht. Wir Christen dürfen uns freuen, dass Gott mit seinem Sohn Jesus etwas mehr Licht ins Dunkel seiner Zukunftspläne gebracht hat – wenn auch noch vieles für uns unklar ist. Doch mehr brauchen wir offensichtlich nicht zu wissen, auch wenn wir das gerne würden. Wie die Propheten müssen wir uns gedulden, bis Gottes Ewigkeit endlich anbricht.
In der Zwischenzeit sollen wir nicht spekulieren, sondern – und das ist der nächste Hauptgedanke im 1. Petrusbrief – ein geheiligtes Leben führen. Wie das geht und wie dadurch auch Gottes Name, also Gott selbst, geheiligt wird, erfahren wir in den folgenden Versen:

1,13. Darum seid bereit und stellt euch ganz und gar auf das Ziel eures Glaubens ein. Lasst euch nichts vormachen, seid nüchtern und richtet all eure Hoffnung auf Gottes Barmherzigkeit, die er euch in vollem Ausmaß an dem Tag erweisen wird, wenn Jesus Christus für alle sichtbar kommt. Wir werden aufgefordert: **Seid bereit!** Seid erwartungsvoll! Seid gespannt! Seid wie einer, der in den Startlöchern steht und auf den Startschuss wartet! Im Griechischen wird hier neben dem Bild des Nüchternseins das Bild der gegürteten Lenden benutzt. Soldaten höheren Rangs hatten oft Soldatenröcke an. Doch weil sie die Bewegungsfreiheit stark einschränkten, konnte man damit kaum kämpfen. Raffte man aber diesen Rock hoch und band ihn um die Lenden bzw. befestigte ihn mit einem Gürtel, konnte man mit den Beinen weit ausschreiten und hatte einen sicheren Stand. Dieses Bild will das Bereitsein auf die Wiederkunft Jesu verdeutlichen. Ihn erwarten wir voller Hoffnung. Auch damit heiligen wir Gott, wenn wir sein Ziel im Blick haben, d. h. sein Kommen. Wenn er kommt, werden wir **in vollem Ausmaß die Barmherzigkeit Gottes** sehen, wie umfassend gut er es mit uns meint. Dann werden wir in Gottes himmlisches Reich gelangen und mit ihm und bei ihm leben. Wir werden den Herrn der Welt, den allmächtigen Schöpfer, von Angesicht zu Angesicht sehen und ihn alles fragen können, was wir schon immer mal wissen wollten. Vermutlich werden wir nicht mehr aus dem Staunen kommen und darum nicht anders können, als von Herzen jubilieren.

1,14. Weil ihr Gottes Kinder seid, gehorcht ihm und lebt nicht mehr wie früher, als ihr euch von euren Leidenschaften beherrschen ließt und Gott noch nicht kanntet. Diese innere Bereitschaft beinhaltet den Wunsch, als **Kind Gottes** zu leben. Ein Kind kennt seine Eltern und vertraut im Normalfall darauf: „Meine Eltern meinen es gut mit mir. Und wenn sie Regeln aufstellen, haben sie damit mein Bestes im Sinn." Diese Einstellung, diesen **Gehorsam** wünscht sich der göttliche Vater von seinen Kindern. Das heißt, nicht den eigenen Willen durchzusetzen, sondern nach Gottes Willen zu fragen. Nicht einfach so zu leben, wie es im Umfeld üblich ist, sondern den göttlichen Vater als Leitbild und Maßstab zu nehmen.
Früher mögen andere Maßstäbe gegolten haben, jetzt gilt, was dieser Vater sagt. Kulturelle, soziale oder familiäre Faktoren waren früher leitend, jetzt richte ich mich aus am Vater. Das beinhaltet auch, Dinge sein zu lassen, die früher vielleicht normal waren. In der griechischen Kultur war z. B. die Tempelprostitution gewöhnlicher Bestandteil kulturellen Lebens. Wenn dieser Vater andere Maßstäbe setzt und dazu Nein sagt, wie kann man es schaffen, nun anders zu leben als die Umwelt und als es bisher üblich war? Gott sagt, wir sind äußeren Einflüssen nicht hilflos ausgeliefert, sondern Gottes Heiliger Geist lebt in uns und hilft uns, das Leben als Christ am Vater auszurichten und damit ihn und uns zu heiligen. Gottes Geist und ich sind ein Team, das gemeinsam diese Herausforderungen meistert. Gott fordert nicht nur etwas, sondern stellt seine Hilfe zur Verfügung. Das ist allerdings kein Automatismus zum Sieg, sondern wir bleiben herausgefordert.

1,15. Der heilige Gott hat euch schließlich dazu berufen, ganz zu ihm zu gehören. Danach richtet euer Leben aus! Jesus Christus hat Maßstäbe gesetzt, an denen wir uns orientieren können und sollen. Als seine Jünger wollen wir so leben, wie er es getan hat. **Berufen** zu sein heißt, sich den zum Vorbild zu nehmen, der beruft. Ich schaue bei ihm ab, wie es geht. Ich lebe ihm so nach, wie er es vorgelebt hat.
Und wie Jesus den Menschen seiner Zeit Vorbild war, so strebe ich danach, es den Menschen meiner Zeit zu sein. Ein hoher Anspruch, durchaus. Doch dieser Anspruch soll nicht schrecken, sondern anspornen. Ich soll Spiegel sein für Gott. Mein ganzes Leben soll ihn bezeugen und von ihm reden. Wenn andere mich sehen, sollen sie in mir etwas von seiner Heiligkeit erkennen. Der Heilige Geist will, dass ich **ganz zu Christus gehöre**, d. h. mit jeder Faser meines Lebens ihn bezeuge. Dafür darf ich den Heiligen Geist immer wieder in Anspruch nehmen und um seine Hilfe bitten.

1,16. Genau das meint Gott, wenn er sagt: „Ihr sollt heilig sein, denn ich bin heilig." Schon im Alten Testament hatte Gott dies im Sinn, als er die Gebote aufstellte: Seine Kinder sollten durch das Einhalten seiner guten Gebote ihn in seiner Heiligkeit widerspiegeln. In **heilig** steckt das Wort „heil". Es kann also die Bedeutung haben von: ganz, vollständig (wie in der Aussage: „Die Tasse ist heil geblieben."), aber auch von gesund, unversehrt (z. B. die Aussage: „Die Krankheit ist geheilt."). Wenn etwas heilig ist, dann ist es gut. Dann bin ich heil-froh, dass es so ist, dass ich mit diesem Guten zu tun habe und es auf mich ausstrahlt.
Wir Christen glauben, dass Gott in Jesus das Leben heil gemacht hat, d. h., dass er Zerbrochenes wieder gutgemacht hat. Von Sünde geprägte Zustände – im Gegensatz zu heilvollen – sind repariert, bereinigt, zum Guten gewendet. Dieses heilsame Wirken Gottes in meinem Leben soll nun so eine starke Prägekraft in mir entfalten, dass ich es wiederum auf andere ausstrahle und weitergebe.
Dass Gott heilig ist, ist eine Wesensaussage über ihn. Wenn wir ihm begegnen, kann unsere Antwort nur sein, ihn anzubeten und seine Heiligkeit zu reflektieren. Gott greift mit seinem göttlich-guten Wesen zuerst bei mir zum Guten ein und macht mich heilig. Das heißt, sein Wesen verändert mein Wesen. Entsprechend kann Paulus in 1 Kor 5,17 schreiben: „Gehört jemand zu Christus, dann ist er ein neuer Mensch." Wir sind heilig, weil Gott uns heiligt. Und im zweiten Schritt bringen wir dieses durch unser ganzes Leben nach außen. Wir geben dieses erfahrene Gute weiter, sodass das Gute um sich greift. Das Halten der Gebote Gottes ist damit nicht bloß ein äußeres Tun, sondern inneres Bedürfnis.
Leider gelingt unsere Reflexion der Heiligkeit Gottes nur bruchstückhaft. Die Welt – und mit ihr auch wir – ist trotz Gottes Eingreifen in Christus noch nicht ganz heil. Gott hat das Böse zwar schon besiegt, doch es zappelt noch und versucht mit sich zu reißen, was möglich ist. Doch in Gottes Ewigkeit wird das, was jetzt noch bruchstückhaft ist, im umfassenden Sinn heil sein.
Im Folgenden schließt der 1. Petrusbrief zwei weiterführende Gedanken an: In V. 17 die Gefahr, sollten wir nicht heilig leben, in V. 18+19 die Motivation zu einem heiligen Leben.

1,17. Ihr betet zu Gott als eurem Vater und wisst, dass er jeden von euch nach seinem Verhalten richten wird; er bevorzugt oder benachteiligt niemanden. Deswegen führt euer Leben in Ehrfurcht vor Gott, solange ihr als Fremde mitten unter den Menschen lebt, die nicht an Christus glauben. Gebet und Lebenswandel bilden im Normalfall eine Einheit. Wer zum Vater betet und damit seine Kindschaft ausdrückt, kann nicht so leben, als ob es diesen Vater nicht gäbe. Er würde zerrissen leben. Beides muss zueinanderpassen, das eine bedingt das andere.
Christen wissen, dass Gott **richten** wird. Im Gericht wird sich zeigen, welches Verhalten dem Kindsein entsprochen hat und welches nicht. Gut zu wissen, dass Gott dieses Gericht als der Vater hält. Er richtet seine Kinder nicht, um ihnen eine reinzudrücken, sondern um sie umfassend heil, d. h. gut zu machen. Sein Gerichtshandeln entspricht einer Läuterung (vgl. dazu 1 Kor 3,11-15). Wie edle und unedle Stoffe voneinander durch ein läuterndes Feuer getrennt werden, so wird Gott edles und unedles **Verhalten** seiner Kinder voneinander trennen. Dann werden wir hoffentlich viel Grund haben, uns zu freuen („Damals habe ich so gehandelt, wie es sich der Vater gewünscht hat!"), oder wir werden Grund haben, uns zu schämen („Wie konnte ich damals nur!"). Es ist völlig normal, dass jedes Kind bestrebt ist, seinem Vater so gut wie möglich zu gefallen und ihm Freude zu machen. Es ist bestrebt, gehorsam zu sein, weil es weiß, dass das das Beste für es ist.
Doch manchmal tut uns auch die Mahnung zum **Gehorsam und zur Ehrfurcht vor Gott** gut, weil ein Christ eben noch nicht vollständig heil ist. Es gibt Mächte, die nicht wollen, dass wir heilig leben. Um wieder die Augen geöffnet zu bekommen und zurück auf die Spur der Nachfolge gesetzt zu werden, ist die Erinnerung an das Gericht Gottes immer wieder mal nötig. Das Ziel soll wieder neu in den Blick kommen und unsere Marschrichtung bestimmen.

1,18+19. Denkt daran, was es Gott gekostet hat, euch aus der Sklaverei der Sünde zu befreien, aus einem sinnlosen Leben, wie es schon eure Vorfahren geführt haben. Christus hat euch losgekauft, aber nicht mit vergänglichem Silber oder Gold, sondern mit seinem eigenen kostbaren Blut, das er wie ein unschuldiges, fehlerloses

Lamm für uns geopfert hat. Zum Schluss dieses ganzen Gedankengangs erinnert der 1. Petrusbrief an die grundlegende Wahrheit, die zum Leben in Heiligkeit motiviert. Er fordert auf, daran zu denken, was Gott auf sich genommen hat, um uns heilig zu machen. Verglichen wird das Kreuzesgeschehen mit einem Ritual aus der antiken Zeit: dem Loskauf aus der Sklaverei (vgl. Einheit 3). Wenn ein Sklave auf dem Sklavenmarkt gekauft wurde, hatte sein neuer Besitzer das Recht, mit ihm zu machen, was er für richtig hielt. Der Sklave war ja sein Eigentum. Nun kommt Gott und kauft uns Sklaven, entbindet uns aber im nächsten Moment aus dem Sklavendasein, indem er uns als seine Kinder adoptiert. Ein ungeheuerlicher Vorgang!

Dieser Vergleich zeigt, wie gut bzw. heilig der Vater ist und was aus seiner Güte bzw. Heiligkeit für uns folgt. Er befreit aus der Sklaverei der Sünde, aus einem sinnlosen Leben ohne Bezug zum Vater und adelt uns zu Gotteskindern. Doch dass er das tun konnte, hatte seinen Preis: Er gab seinen einzigen Sohn Jesus dafür. An Karfreitag wurde er wie ein Opferlamm geschlachtet. Im Alten Testament wurde Blut verstanden als Träger des Lebens. Wurde ein **unschuldiges, fehlerloses Lamm** geschlachtet und sein Blut Gott als Opfer dargebracht, bedeutete dies so viel wie: Mit diesem Blut wird ein Leben für ein Leben gegeben. Man sagte damit: „So unschuldig und fehlerlos dieses Opferlamm ist, so unschuldig und fehlerlos will ich vor Gott wieder dastehen." Mit dem Opfer fand sozusagen ein Tausch statt: Leben gegen Leben, Reinheit gegen Unreinheit. Gott nimmt diesen Tausch vor, d. h., das Opferlamm Jesus stirbt, damit ich lebe. Ich bekomme dabei seine Unschuld zugerechnet, er meine Schuld.

Das ist die Basis, auf der wir Christen leben. Seine Tauschbereitschaft ermöglicht es uns, nun mit anderem Vorzeichen zu leben. Die Erkenntnis, dass der Vater seinen Sohn freiwillig gibt, aus Liebe, bringt uns Christen dazu, nun dem Vater mit all unserem Sein gefallen zu wollen und ihn mit unserem Denken, Reden und Tun zu loben. Seine Liebe bzw. Opferbereitschaft ist meine Motivation, heilig zu leben.

Heilig bedeutet bei diesem Vater nicht unnahbar, sondern Gott sucht die Nähe zu seinen Kindern. Schon bei Mose hat er sich mit Namen vorgestellt (2 Mo 3,14). Gott nennt sich selbst: „Ich bin für euch da." Doch in Jesus geht Gott einen wesentlichen Schritt weiter. Er stellt sich nicht nur mit seinem Namen vor, sondern kommt selbst! In Jesus lässt er sich sehen, zeigt sein Gesicht. Darum kann Jesus im Johannesevangelium sagen (Joh 14,9): „Wer mich gesehen hat, der hat den Vater gesehen." Gott bleibt nicht anonym. Er ist nicht weit weg, sondern ein Gott, der Gestalt annimmt, der dabei ist, der mitgeht, der bei uns ist an jedem einzelnen Tag – zu jeder Stunde, in jedem Moment (vgl. Mt 28,20).

Der Name steht für die ganze Person. Wenn wir im Vaterunser beten: „Dein Name werde geheiligt", stimmen wir ein, dass wir diesen Vater von Jesus und von uns verehren, ihn wertachten und loben und seinen heiligen Namen bekannt machen wollen. Das tun wir, indem wir ihn und sein Wesen wie ein Spiegel reflektieren. Unser ganzes Leben soll ein großartiger Bericht sein von seiner Liebe, von seiner Großzügigkeit, von seinem guten Wesen – kurz: von seiner Heiligkeit. Dieser Gott ist im Kern Liebe, die wir selber erleben und weitergeben. „Dein Name werde geheiligt" heißt: „Dir folgen wir nach, dich beten wir an, dich feiern wir mit unserem ganzen Leben, und wir bemühen uns so zu leben, dass andere durch uns dich sehen."

Wie sieht dementsprechend eine Entheiligung des Gottesnamens aus? Es bedeutet, sein Leben so zu führen, dass dieser Vater entweder gar keine Rolle darin spielt oder nur gelegentlich bemüht wird, wenn es gerade passt. Oder wenn sein Name zwar fleißig gebraucht wird, aber Denken, Handeln und Reden etwas anderes sagen als das, wofür dieser Vater steht. Entheiligt wird dieser Gott auch dann, wenn neben ihm andere Dinge Gott sein dürfen, d. h., wenn dieser liebende Vater vermischt wird mit konkurrierenden Gottesvorstellungen oder anderen Religionen oder wenn uns andere Dinge im Leben wichtiger sind als er.

5

Die zweite Vaterunser-Bitte: „Dein Reich komme."

MATTHÄUS 9,9-13

Einstieg
15–20 Minuten
Wählen Sie bitte eine oder zwei Fragen aus.

1. Wie geht es Ihnen, wenn Sie Personen begegnen, die nicht so leben wie Sie? Denken Sie z. B. an Obdachlose oder Ausländer. Aber auch an die, die eine andere Frömmigkeit leben als Sie. Wie begegnen Sie ihnen?

2. Was meinen Sie, wie Gott über solche Personen denkt?

3. Erinnern Sie sich: Wer war maßgeblich daran beteiligt, dass Sie Christ wurden? Welche Begegnungen waren für Sie entscheidend?

Gottes Reich wächst

Matthäus 9,9-13: 9 Als Jesus durch die Stadt ging, sah er den Zolleineh-
mer Matthäus am Zoll sitzen. Jesus forderte ihn auf: „Komm, geh mit
mir!" Sofort stand Matthäus auf und folgte ihm. 10 Später war Jesus mit
seinen Jüngern bei Matthäus zu Gast. Matthäus hatte viele Zolleineh-
mer eingeladen und andere Leute mit schlechtem Ruf. 11 „Weshalb gibt
sich euer Lehrer mit solchem Gesindel ab?", fragten die Pharisäer seine
Jünger. 12 Jesus hörte das und antwortete: „Die Gesunden brauchen kei-
nen Arzt, sondern die Kranken! 13 Begreift doch endlich, was Gott meint,
wenn er sagt: ‚Nicht auf eure Opfer oder Gaben kommt es mir an, son-
dern darauf, dass ihr barmherzig seid.' Ich bin gekommen, um Menschen
in die Gemeinschaft mit Gott zu rufen, die ohne ihn leben – und nicht
solche, die sich sowieso an seine Gebote halten."

Matthäus 6,10 (L): „Dein Reich komme."

Bibelgespräch
30–45 Minuten
Wählen Sie ggf. unter den Fragen aus.

1. Matthäus feiert mit Kollegen und Freunden ein Fest.
Welche natürlichen bzw. selbstverständlichen Kontakte haben Sie, mit denen Sie die Freude an Jesus teilen wollen?

2. Jesus musste durch sein Verhalten einiges an Imageverlust hinnehmen – seine Jünger auch. Wären Sie dazu bereit?

3. Jesus sagt (Mt 6,33): „Sorgt euch vor allem um Gottes neue Welt, und lebt nach Gottes Willen! Dann wird er euch mit allem anderen versorgen." Was bedeutet das für Sie?

4. Was meinen Sie: Ist Jesus für alle Menschen gekommen?

5. Weltreiche wollten und haben schon viele errichtet. Nennen Sie Unterschiede zwischen Gottes Reich und den allzu menschlichen Reichen?

6. Jesus fasst seine Botschaft so zusammen (Mk 1,15; L): „Die Zeit ist erfüllt und das Reich Gottes ist herbeigekommen." Was meint er damit?

Austausch und Gebet

15–30 Minuten

1. Wie können Sie Ihre Gaben einsetzen, um für das Reich Gottes zu werben? Kennen Sie Ihre von Gott geschenkten Gaben überhaupt? Was können Sie tun, um sie herauszufinden?

2. Wie zeigt es sich bei Ihnen, dass Gottes Agape (siehe Erläuterungen) Sie prägt? Wo wünschen Sie sich Veränderung? An welchem Punkt wollen Sie an sich arbeiten, damit Gottes Art Sie mehr und mehr prägt? Wie gehen Sie das konkret an?

3. Leben Sie in Ihrer Gemeinde/Gruppe Sympathie und Antipathie, oder leben Sie Agape (siehe Erläuterungen)? Woran machen Sie Ihre Einschätzung fest?

4. Wie angepasst müssen andere sein, um in Ihrer Gruppe mitmachen zu dürfen?

5. Vielleicht schließen Sie das Treffen Ihrer Gruppe heute ab, indem Sie dieses Gebet eines unbekannten Christen aus China laut miteinander beten: „Herr, erwecke deine Kirche und fange bei mir an! Herr, baue deine Gemeinde und fange bei mir an! Herr, lass Frieden überall auf Erden kommen und fange bei mir an! Herr, bringe deine Liebe und Wahrheit zu allen Menschen und fange bei mir an."

Erläuterungen

Zusammenfassung: Jesus ist mit seinen Jüngern unterwegs. Nachdem er seine große Rede auf dem Berg gehalten hat (Mt 5-7), zeigt er sich in den Kapiteln 8+9 als Mann der Tat. Jesus ist beides: Lehrer und Ausführender seiner Lehre. Für die christliche Gemeinde bedeutet dies, dass Gemeinde von Jesu Wort und von Jesu Tat lebt.

9,9. Als Jesus durch die Stadt ging, sah er den Zolleinnehmer Matthäus am Zoll sitzen. Jesus forderte ihn auf: „Komm, geh mit mir!" Sofort stand Matthäus auf und folgte ihm. Jesus ist vermutlich in der Stadt Kapernaum (vgl. 9,1 + 4,13). Als er durch das Stadttor geht, sieht er Matthäus an seiner **Zollstation** sitzen. Er ist Israelit, arbeitet aber für die Römer. Seine Aufgabe: „Durchgangssteuer" eintreiben – heute würde man vielleicht „Gewerbesteuer" sagen. Jeder muss hier vorbei, der in die Stadt hinein- oder aus ihr herauswill. Und jeder wird von Matthäus „bedient".
Zollpächter wie er waren zu Jesu Zeiten freie Unternehmer. Sie pachteten von den Römern eine Zollstation und mussten dafür pro Jahr eine feste Summe an sie abführen. Der Rest, den sie einnahmen, gehörte ihnen.
Gut vorstellbar, dass ein Matthäus dafür sorgt, dass dieser Rest nicht zu knapp ist. Die Leute kennen diese Machenschaften und reagieren entsprechend: „Halsabschneider" nennen sie ihn. „Macht mit unseren Besatzern gemeinsame Sache! Sauerei!"
Nach alttestamentlich-jüdischer Vorstellung waren die Römer als Heiden unrein. Wer sich mit ihnen einließ, wurde selber unrein. Ein weiterer Grund, warum keiner mit dem geldgierigen Matthäus näher zu tun haben will. Er ist unbeliebt, wird gemieden, ist bei den Leuten unten durch. Und das spürt er. Er rechnet darum mit allem, aber nicht mit Annahme, wohlwollender Aufmerksamkeit oder gar Akzeptanz.
Doch dann kommt Jesus vorbei. Er stellt sich vor ihn, schaut ihn mit freundlichen Augen an und spricht auch noch mit ihm! Seine Worte klingen in Matthäus' Ohren: **„Komm, geh mit mir!"** Und Matthäus tut es prompt!
Wieso? Was ist in diesem Moment bei ihm passiert? Diese wenigen Worte lösen vermutlich in Matthäus eine Flut von Gefühlen aus. Er spürt Liebe. Echte, aufmerksame, anteilnehmende, ehrlich gemeinte Zuwendung. Und das wirft ihn um – zumindest aus den gewohnten Bahnen. In dieser entgegengebrachten Zuwendung eines Menschen spürt er Gottes Liebe. Darum ist seine Reaktion spontan. **Sofort** steht er auf und **folgt Jesus nach.** Überschlägt er lange die Konsequenzen? Überlegt er, welche Chancen und welche Risiken dieser Schritt beinhaltet? Vermutlich nicht. Das, was er gerade erlebt hat, ist so intensiv und geht ihm so unter die Haut, dass er erkennt: „Bei Jesus bin ich dort, wo ich schon lange sein wollte. Das, was er anbietet, ist das, wonach ich schon lange suche. Diese Liebe ist es, nach der ich mich schon lange sehne." Das Reich Gottes hat ihn erfasst – er ist sozusagen zu Hause beim Vater angekommen.

9,10+11. Später war Jesus mit seinen Jüngern bei Matthäus zu Gast. Matthäus hatte viele Zolleinnehmer eingeladen und andere Leute mit schlechtem Ruf. „Weshalb gibt sich euer Lehrer mit solchem Gesindel ab?", fragten die Pharisäer seine Jünger. Szenenwechsel. Wir befinden uns nun auf einem rauschenden Fest. Matthäus ist der Gastgeber, Jesus und seine Jünger sind zu **Gast.** Doch sie sind nicht allein. Interessant, wer noch geladen ist: Da sitzen Kollegen von Matthäus und anderes **Gesindel** – das sind sie zumindest in den Augen der Zaungäste, der Pharisäer, die nicht geladen sind. Sie wären vermutlich sowieso nicht gekommen. Sie stehen abseits. Eine bizarre Szene wird hier geschildert: Hier sitzen und feiern die einen, dort stehen und ärgern sich die anderen.
Man muss sich das klarmachen: Der Zöllner Matthäus folgt Jesus nach, und das Nächste, wovon berichtet wird: Er gibt ein Fest! Klar, dass er dazu die einlädt, die in seinem bisherigen Leben wichtig waren – **Kollegen** und Freunde. Und daneben auch seinen neuen Freund Jesus und dessen Jünger, die sein neues, zukünftiges Leben ausmachen. Vermutlich feiert er seine Lebenswende. Doch gut denkbar, dass er dies auch mit dem Ziel tut, die beiden geladenen Gruppen miteinander bekannt zu machen, d. h. seine alten und seine neuen Freunde. Er baut Brücken. Matthäus arrangiert Begegnungen in der Hoffnung, dass auch seine alten Freunde seinen neuen Freund Jesus kennenlernen. Sie sollen dasselbe erleben wie er zuvor: Jesu voraussetzungslose Liebe.
Doch andere ärgern sich darüber, machen sich Luft und sprechen ihre theologischen Missbilligungen aus. Zu Jesu Jüngern sagen sie: „Wie könnt ihr da nur mitmachen! Tischgemeinschaft mit solchen! Ist das nicht unter der Würde eures Meisters? Das gefällt Gott nicht!" Mit anderen Worten sagen sie: „Frommsein heißt, Leute wie Matthäus zu meiden." Damals bedeutete heilig zu sein, Distanz zu halten von Pächtern römischer Zollstationen, von Frauen aus dem horizontalen Gewerbe, von Leprakranken, von Samaritern, von Heiden usw. Die „Frommen" waren sich sicher, dass sie damit Gott eine Freude machten.

9,12+13. Jesus hörte das und antwortete: „Die Gesunden brauchen keinen Arzt, sondern die Kranken! Begreift doch endlich, was Gott meint, wenn er sagt: ‚Nicht auf eure Opfer oder Gaben kommt es mir an, sondern darauf, dass ihr barmherzig seid.' Ich bin gekommen, um Menschen in die Gemeinschaft mit Gott zu rufen, die ohne ihn

leben – und nicht solche, die sich sowieso an seine Gebote halten.“ Jesus hört die empörten Pharisäer, kommt herbei und stellt ihr Bild von heiligem Verhalten und von Gott auf den Kopf. Er kontert mit einem Vergleich: Wer braucht die Hilfe eines Arztes, der **Gesunde** oder der **Kranke**? Jesus setzt sich gleich mit einem Arzt. Krank sind in seinen Augen die, die hungern nach Liebe. Die Pharisäer sind die Gesunden, weil sie Gott kennen (oder zu kennen glauben). Deshalb sitzt Jesus auch nicht mit ihnen am Tisch. Er weiß sich gesandt zu Matthäus, zu seinen Kollegen, zu dessen Freunden mit schlechtem Ruf, zu Prostituierten und anderen, die kein Ansehen genießen. Jesus trennt zwischen Sünde, die Gott hasst, und dem Sünder, den Gott liebt. Damit stellt Jesus gezielt das bisherige Lebenskonzept der Pharisäer infrage und fordert sie heraus, niemanden aus Gottes Reich auszuschließen.

Er belässt es nicht bei einer Erklärung, sondern gibt den „gesunden“ Pharisäern zu denken – und zeigt ihnen damit auf, dass es mit ihrer Gesundheit nicht so weit her ist. Denn ihr Verhalten deckt sich bei Weitem nicht mit dem, was von Gesunden gefordert ist. Nicht in Opfern und Gaben zeigt sich wahre Frömmigkeit, sondern in **Barmherzigkeit** den geistlich Kranken gegenüber. Zuwendung sollten sie neben ihrem Gott auch ihrem Nächsten geben, der z. B. im Zollhäuschen sitzt, im Bordell, in der Gosse ... Denn auch er soll Gottes Liebe erfahren, das Reich Gottes erleben. Das wäre Aufgabe von Gesunden an Kranken. Damit definiert Jesus seine und unsere Aufgabe: **Sünder** in die Nähe zu Gott zu rufen. Denn er vermag zu vergeben und Leben zu ändern. Sünde wird hierbei definiert mit „Gott nicht kennen“. Christsein bedeutet dementsprechend, in **Gemeinschaft mit Gott** zu sein.

Jesus tut, was die Pharisäer tun sollten, aber nicht tun. Und auch Matthäus handelt, wie die Pharisäer handeln sollten, es aber nicht tun. Damit stellt Jesus den neu bekehrten Matthäus den lang gläubigen Pharisäern als Vorbild hin. Jesus sagt: „Frommsein heißt einschließen anstatt ausschließen. Frommsein heißt verstehen: Ich habe es nicht mehr verdient als der andere. Frommsein heißt sich mit Leuten wie Matthäus sehen lassen.“

Tischgemeinschaft wird damit zu einem Bild für das Reich Gottes, für den Zustand des Versöhntseins mit Gott. Wer an der Tafel mit Jesus sitzt und dessen Liebe erkennt, feiert Gott und sein Reich. Es ist ein Bild dafür, wie der Vater seine Menschen sucht und sie in sein Reich integriert – wie der Schäfer sein verirrtes Schaf sucht, die Frau ihr verlorenes Geldstück, der liebende Vater um seine Söhne bangt und wirbt (vgl. Lk 15). So sucht Gott seine Menschen. Für den Gefundenen bedeutet dies, gesund zu werden. Der Himmel beginnt, das Reich Gottes ist da!

Diese Begebenheit zeigt eine doppelte Bewegung im Reich Gottes: Glaube entsteht, weil Jesus ruft. Zuerst ruft er Matthäus. Doch dann wird dieser Zolleinnehmer daran beteiligt, das Reich Gottes weiter sichtbar zu machen und für es zu werben. Diese doppelte Bewegung durchzieht das gesamte Christentum: Durch Jesu Ruf kommt Gottes Reich zu mir, und dann durch mich zu einem anderen. Jesus hat mich durch andere gerufen, nun bin ich der, durch den er weitere ruft. Oder wie Paulus es sagt (2 Kor 5,20): „Als Botschafter Christi fordern wir euch deshalb im Namen Gottes auf: Lasst euch mit Gott versöhnen! Wir bitten euch darum im Auftrag Christi.“

Gottes Strategie dahinter: Er beschenkt mich – ruft mich in seine Nähe, wo ich Vergebung empfange. Doch seine Strategie geht weiter: Durch mich kommen andere in die Nähe Gottes, dass auch ihnen vergeben werde. Erst ich, dann auch du! Und dazu geht Matthäus nicht irgendwohin, sondern feiert ein Fest, zu dem er Kollegen und Freunde einlädt. Er tut es, weil ihm seine Freunde am Herzen liegen und er auch ihnen gönnt, was ihm widerfuhr. Auch sie sollen diesen Jesus kennenlernen. Vielleicht lädt er sie zu sich ein, mit dem stillen Gebet auf den Lippen: „Dein Reich komme – durch mich zu anderen.“ So macht Jesus das: Zieht er Menschen zu sich, so zieht er Menschen durch Menschen zu sich.

Doch die Frage stellt sich: Wie wird ein Matthäus dazu bereit, das Reich Gottes weiterzutragen – anstatt selbstzufrieden unter sich zu bleiben wie die Pharisäer? Was motiviert ihn, bei seinen Kollegen und Freunden vielleicht seinen Ruf und sein Ansehen zu verlieren?

Dazu werfen wir einen Blick ins Griechische. Die Griechen hatten drei Worte für Liebe, sozusagen drei Arten von Liebe. Bei Liebe denken wir schnell an rosarote Brille, rote Herzen, Schmetterlinge im Bauch usw. Liebe setzen wir oft gleich mit einem Gefühl. Doch Liebe ist mehr:

Philia ist die freundschaftliche Liebe. Überlegen Sie: Wer ist Ihr Freund oder Ihre Freundin? Und warum ist ausgerechnet der oder die einer Ihrer Freunde? Vermutlich, weil Sie etwas an ihr/ihm mögen. Irgendetwas hat er oder sie, das Sie gut finden. Philia entzündet sich am Gegenüber – an dessen Schönheit, Verhalten usw. Philia beruht also letztlich auf Sympathie – das Gegenteil wäre Antipathie.

Daneben gibt es den **Eros**. Das ist die körperliche, die sexuelle Liebe. Auch sie kann auf Sympathie beruhen, muss es aber nicht – wie Prostitution zeigt.

Agape ist die hingebungsvolle Liebe, die sich für einen anderen aufopfert. Sie hat nichts mit Sympathie zu tun, sondern folgt einem übergeordneten Auftrag.

Ein Beispiel: Einer sieht, wie ein anderer zusammengeschlagen wird. Er zeigt Zivilcourage, greift ein und kommt dem anderen zu Hilfe. Vielleicht kennt er denjenigen, der zusammengeschlagen wird, nicht einmal. Und trotzdem greift er ein, nimmt das Risiko in Kauf, selber eine abzubekommen.

Genau diese Art von Liebe lebt Gott vor. Das Neue Testament erzählt, wie Gott Mensch wird und sich dazwischenschmeißt, obwohl er genau ahnt, dass er es dafür abbekommt. Dieser Gott lebt Agape und geht freiwillig ans Kreuz – aus Liebe zu dir und mir. Das ist Agape: aufopfernde, hingebende Liebe.

Die Pharisäer lieben nur nach Sympathie – die, die ihnen genehm sind, und die, die zu ihnen passen. Zöllner und Sünder fallen da durch. Jesus hingegen lebt Agape – ohne Unterschiede zu machen, ohne Ansehen der Person, ohne Vorbedingungen. Wem diese Liebe begegnet, ist verblüfft und angetan. Sie ist so anders, dass sie einen aus der Bahn werfen kann. Das Geheimnis des Christseins ist es nun, diese Liebe bei Jesus abzuschauen und sie widerzuspiegeln – mit Gottes Hilfe. Entsprechend hat Gott sich das Miteinander in der Gemeinde gedacht. Paulus schreibt in Philipper 2,1-5, wie sich Agape zeigt:
„Es gibt über euch so viel Gutes zu berichten: Ihr ermutigt euch als Christen gegenseitig und seid zu liebevollem Trost bereit. Man spürt bei euch etwas von der Gemeinschaft, die der Geist Gottes bewirkt, und herzliche, mitfühlende Liebe verbindet euch. Darüber freue ich mich sehr. Vollkommen aber ist meine Freude, wenn ihr euch ganz einig seid, in der einen Liebe miteinander verbunden bleibt und fest zusammenhaltet. Weder Eigennutz noch Streben nach Ehre sollen euer Handeln bestimmen. Im Gegenteil, seid bescheiden, und achtet den anderen mehr als euch selbst. Denkt nicht an euren eigenen Vorteil, sondern habt das Wohl der anderen im Auge. Seht auf Jesus Christus."

Bekommen wir es hin, den anderen mit Gottes Augen zu sehen? Bekommen wir es hin, den anderen voraussetzungslos zu lieben, wie Jesus es tut? Schaffen wir es, den anderen in Demut höher zu achten als uns selbst? Das heißt, dass wir nicht nur an uns denken, sondern auch den anderen im Blick haben, was ihm guttut, was er braucht – und dafür eigene Bedürfnisse hintanzustellen. Das verlangt viel von uns ab, aber es ist möglich, wenn ich auf Christus schaue, ihn mir zum Vorbild nehme und aus seiner Kraft lebe.
Jesus selbst ist das Gesicht des Reiches Gottes. Dieses Reich kommt im ersten Schritt zu mir, indem Jesus mich Agape erleben lässt. Im zweiten Schritt kommt Gottes Reich durch mich zu anderen, indem ich Gott nacheifere und meine Bedürfnisse, mein Image, meine Bequemlichkeit usw. hintanstelle und Agape lebe. Ich gehe mit anderen so um, wie Gott mit mir umgeht. Das ist das Geheimnis des Reiches Gottes. Wer auf Jesus schaut und sich von ihm inspirieren lässt, wie er Agape gelebt hat, kann zur Sichtbarmachung und zur Erweiterung des Reiches Gottes beitragen. Dann ist das Gebet „Dein Reich komme" die Bitte an Gott: „Hilf mir, so zu leben, dass ich für dein Reich hilfreich und förderlich bin. Lass es durch mich sichtbar werden. Lass durch mich dein Reich zu anderen kommen. Bis du wiederkommst, will ich mich für dich und deine Sache/dein Reich einsetzen."
Machen wir uns bewusst: Gott schreibt mit uns Geschichte und kann durch uns Lebenswege wenden – vielleicht sogar den eines „Pharisäers"!

6 Die dritte Vaterunser-Bitte: „Dein Wille geschehe wie im Himmel so auf Erden."

APOSTELGESCHICHTE 5,17-33

Einstieg
15–20 Minuten
Wählen Sie bitte eine oder zwei Fragen aus.

1. Sammeln Sie bitte in Ihrer Gruppe, was man alles unter dem „Willen Gottes" verstehen könnte.

2. Überlegen Sie: Wie kann man Gottes Willen erkennen?

3. Wenn es in dieser Vaterunser-Bitte um den Willen geht, überlegen Sie einmal, was Sie eigentlich wollen? Haben Sie einen großen Lebenstraum? Was wollen Sie erreichen? Wie sehen Ihre Wünsche aus – kleine und große? Sammeln Sie jeder für sich Wünsche!

4. Was tun Sie, wenn Gottes Wille und Ihr Wille nicht deckungsgleich sind?

Gottes Wille geschieht

Apostelgeschichte 5,17-33: 17 Der Hohepriester aber und seine Freunde
aus der Partei der Sadduzäer waren neidisch auf die ständig wachsende
Gemeinde Christi und beschlossen deshalb, nicht länger tatenlos zuzuse-
hen. 18 Kurzerhand ließen sie die Apostel festnehmen und ins Gefängnis
werfen. 19 Aber in der Nacht öffnete ein Engel des Herrn die Gefängnis-
türen und führte die Apostel hinaus. 20 „Geht in den Tempel", sagte er,
„und verkündet dort allen die Botschaft vom neuen Leben durch Jesus!"
21 Also gingen die Apostel frühmorgens in den Tempel und lehrten dort
in aller Öffentlichkeit. Zur selben Zeit berief der Hohepriester mit seinen
Gesinnungsgenossen den Hohen Rat und alle führenden Männer des
Volkes zu einer Sitzung ein. Dann ließen sie die Apostel zum Verhör ho-
len. 22 Aber die waren nicht mehr im Gefängnis. So kehrten die Beauf-
tragten des Hohenpriesters zurück und meldeten: 23 „Die Gefangenen
sind fort. Die Türen des Gefängnisses waren sorgfältig verschlossen, und
die Wachen standen davor. Aber als wir die Türen öffneten, war niemand
in der Zelle." 24 Der Befehlshaber der Tempelwache und der Hohepries-
ter waren ratlos. Wie sollte das alles noch enden? 25 In diesem Augenblick
kam jemand mit der Nachricht herein: „Die Männer, die ihr ins Gefäng-

nis geworfen habt, sind schon wieder im Tempel und lehren dort!“ 26 Sofort zog der Befehlshaber der Tempelwache mit seinen Männern zum Tempel und holte die Apostel. Allerdings wendeten sie keine Gewalt an, weil sie sonst fürchten mussten, vom Volk gesteinigt zu werden. 27 Die Apostel wurden in den Gerichtssaal vor den Hohen Rat gebracht, wo der Hohepriester sie verhörte. 28 „Haben wir euch nicht streng verboten, jemals wieder von diesem Jesus zu reden?“, begann er. „Und doch spricht inzwischen ganz Jerusalem davon. Ihr wollt uns sogar für den Tod dieses Menschen verantwortlich machen!“ 29 Petrus und die anderen Apostel erwiderten: „Man muss Gott mehr gehorchen als den Menschen! 30 Der Gott unserer Vorfahren hat Jesus, den ihr ans Kreuz geschlagen und getötet habt, von den Toten auferweckt. 31 Gott hat ihn durch seine Macht zum Herrscher und Retter erhoben, damit das Volk Israel zu Gott umkehren kann und ihm seine Sünden vergeben werden. 32 Das werden wir immer bezeugen und auch der Heilige Geist, den Gott allen gibt, die ihm gehorchen.“ 33 Diese Worte versetzten die Mitglieder des Hohen Rates in maßlose Wut, und sie beschlossen, die Apostel töten zu lassen.

Matthäus 6,10 (L): „Dein Wille geschehe wie im Himmel so auf Erden.“

Bibelgespräch
30–45 Minuten
Wählen Sie ggf. unter den Fragen aus.

1. Welche Gedanken könnten den Aposteln durch den Kopf gegangen sein, als der Engel die Gefängnistür für sie öffnet und sie ins Freie führt?

2. Wie hätten Sie anstelle der Apostel reagiert, als der Engel ihnen den Auftrag gibt, zurückzugehen in den Tempel?

3. 1 Petr 3,15 formuliert: „Seid immer dazu bereit, denen Rede und Antwort zu stehen, die euch nach eurem Glauben und eurer Hoffnung fragen.“ Die Apostel standen unverhofft vor dieser Herausforderung. Stellen Sie sich vor, Sie wären in ihrer Lage. Versuchen Sie, selbst zu formulieren, woran Sie glauben!

4. Können Sie dem zustimmen, dass es der Kern des Willens Gottes ist, von Jesus weiterzusagen? Warum? Warum nicht?

5. Wie wäre die Geschichte verlaufen, wenn die Apostel sich gegen Gottes Willen gesträubt und ihn wissentlich nicht getan hätten? Lassen Sie Ihrer Fantasie freien Lauf!

Austausch und Gebet
15–30 Minuten

1. Was fordert es, Gott mehr zu gehorchen als Menschen? Was wären Sie bereit, dafür zu opfern?

2. Haben Sie es schon erlebt, dass Ihr Wille und Gottes Wille nicht übereinstimmten? Was haben Sie getan? Wie wollen Sie zukünftig in solch einem Fall vorgehen?

3. Das 4. Gebot lautet (2 Mo 20,12): „Ehre deinen Vater und deine Mutter." Wie weit geht Ihrer Meinung nach das Ehren, wenn Eltern etwas einfordern, das gegen Gott und seine Gebote verstößt?

4. Gibt es etwas, bei dem Sie im Moment fragen, was Gottes Wille in dieser konkreten Situation ist? Wie erhalten Sie eine Antwort? Die vier klassischen „B"s dazu: Bibel lesen, beten, beraten mit anderen, benützen des Verstands. Parallel dazu gilt: Bleiben Sie nicht untätig, denn nur ein Wagen, der rollt, kann gelenkt werden!

5. Welche Art, von Jesus weiterzusagen, entspricht Ihnen? Sind Sie bereit, sich auf eine für Sie ungewohnte Art einzulassen und diese einmal zu versuchen?

6. Auch Deutschland ist Missionsland. Ist das Anliegen der Evangelisation und Mission in Ihrer Umgebung (Gemeinde, Gruppe, ...) präsent?

7. Informieren Sie sich über die Arbeit von Missionsgesellschaften wie „Open Doors". Vielleicht erklärt sich einer aus Ihrer Gruppe bereit, sich bis zu Ihrem nächsten Treffen kundig zu machen über aktuelle Entwicklungen in der Mission und darüber zu berichten. Beten Sie für verfolgte Christen!

Erläuterungen

Zusammenfassung: Mit dem Pfingstereignis war die Urgemeinde in Jerusalem gegründet. Immer mehr Menschen kamen dazu (2,46f). Petrus war ihr Wortführer und Gemeindeleiter. Die Apostelgeschichte berichtet neben dem inneren Zustand der Gemeinde (vgl. 4,32-5,16) auch von der äußeren Bedrängnis (vgl. 3,1-4,31). Nichtsdestotrotz vollbringen Petrus und Johannes im Namen Jesu Wunder und erzählen von Jesus. Dafür werden sie von den Führern der Israeliten gefangen gesetzt. Doch das kann sie nicht davon abhalten weiterzumachen. Sie sagen (4,20): „Wir können unmöglich verschweigen, was wir gesehen und gehört haben!" Eine Welle der Begeisterung geht durch Jerusalem, Christen sind im Volk gut angesehen. Doch die Oberen sind ihnen nicht wohlgesonnen.

5,17+18. Der Hohepriester aber und seine Freunde aus der Partei der Sadduzäer waren neidisch auf die ständig wachsende Gemeinde Christi und beschlossen deshalb, nicht länger tatenlos zuzusehen. Kurzerhand ließen sie die Apostel festnehmen und ins Gefängnis werfen. „Neid ist ein schlechter Ratgeber", sagt der Volksmund. Auf die Pharisäer trifft das zu. Eifersüchtig überlegen der oberste Priester Hannas und Gesinnungsgenossen der Sadduzäer – das sind überwiegend Priester, die auf politischer Ebene mit der römischen Besatzungsmacht zusammenarbeiten, um Vorteile daraus zu ziehen –, was zu tun sei. Da die Christen immer mehr Zulauf haben, schwimmen den Pharisäern und Sadduzäern die Felle davon. Sie befürchten, im Volk an Einfluss zu verlieren. Sie sorgen sich, in Fragen der Religion immer weniger Relevanz zu haben. Und was werden die römischen Besatzer tun, wenn offensichtlich würde, dass nicht mehr der Hohepriester derjenige ist, der sagt, was unter Juden gilt? Es muss dringend gehandelt werden! In einer Nacht- und Nebelaktion setzen sie die führenden Köpfe der Christen gefangen. Ihnen droht die Todesstrafe, da sie das verhängte Redeverbot permanent öffentlich verletzen: Sie versammeln sich in der Halle Salomos, einem bestimmten Bereich im jüdischen Tempel (vgl. 5,12). Dort feiern sie. Sie haben Ausstrahlungskraft. Immer mehr kommen durch das Zeugnis der Christen zum Glauben an Jesus. Die christliche Gemeinde wächst.

5,19-21a. Aber in der Nacht öffnete ein Engel des Herrn die Gefängnistüren und führte die Apostel hinaus. „Geht in den Tempel", sagte er, „und verkündet dort allen die Botschaft vom neuen Leben durch Jesus!" Also gingen die Apostel frühmorgens in den Tempel und lehrten dort in aller Öffentlichkeit. Die Apostel erleben: Gott weiß um ihre Lage und greift ein. Er schickt seinen Engel, der sie auf wundervolle Weise befreit. Sie erkennen Gottes Willen, indem Gott eindeutig redet. Doch wie ist das bei uns? Die Apostel hatten es leicht, weil ein Engel ihnen klipp und klar sagte, was nun zu tun sei. Wie erkennen wir Gottes Willen?
Endlich in Sicherheit! Doch ihre Erleichterung wird schnell auf die Probe gestellt, denn der Engel hat einen Auftrag für sie: „Macht weiter wie bisher!" Sie sollen zurück in die Höhle des Löwen, d. h. in den Tempel zu den neidischen und ihnen feindlich gesinnten Priestern. Wie sich die Apostel dabei gefühlt haben mögen, kaum der Gefahr entronnen? Doch sie merken, es ist Gottes Wille, dass sie die Gute Nachricht von Jesus weiterhin öffentlich verbreiten. Wem? Allen! Also auch ihren Feinden, die sie gefangen nehmen und womöglich töten wollen. Vgl. 1 Tim 2,4: „Denn er will, dass alle Menschen gerettet werden und seine Wahrheit erkennen."
Jedes der vier Evangelien endet mit dem Auftrag, von Jesus weiterzuerzählen, z. B. Mt 28,18-20: „Da ging Jesus auf seine Jünger zu und sprach: ‚Ich habe von Gott alle Macht im Himmel und auf der Erde erhalten. Geht hinaus in die ganze Welt, und ruft alle Menschen dazu auf, mir nachzufolgen! Tauft sie im Namen des Vaters, des Sohnes und des Heiligen Geistes! Lehrt sie, so zu leben, wie ich es euch aufgetragen habe. Ihr dürft sicher sein: Ich bin immer bei euch, bis das Ende dieser Welt gekommen ist!'"
Viele setzen sich damals wie heute ein, um dieses letzte Vermächtnis Jesu zu erfüllen. Das ist Gottes grundlegender Wille, dass alle Menschen von ihm erfahren sollen.
Was, wenn die Apostel dem Engel nicht gefolgt wären? Was, wenn sie aus Angst vor den Widersachern ihrer eigenen Wege gegangen wären? Doch sie gehorchen und tun, was der Engel ihnen sagt.

5,21b-24. Zur selben Zeit berief der Hohepriester mit seinen Gesinnungsgenossen den Hohen Rat und alle führenden Männer des Volkes zu einer Sitzung ein. Dann ließen sie die Apostel zum Verhör holen. Aber die waren nicht mehr im Gefängnis. So kehrten die Beauftragten des Hohenpriesters zurück und meldeten: „Die Gefangenen sind fort. Die Türen des Gefängnisses waren sorgfältig verschlossen, und die Wachen standen davor. Aber als wir die Türen öffneten, war niemand in der Zelle." Der Befehlshaber der Tempelwache und der Hohepriester waren ratlos. Wie sollte das alles noch enden? Nachdem man die Apostel die Nacht hat schmoren lassen, sollten sie nun vor Gericht gestellt werden. Es ist das jüdische Synhedrium, die oberste Gerichtsbarkeit im jüdischen Staat, nicht zu verwechseln mit der römischen Gerichtsbarkeit. Es regelte innere Angelegenheiten, konnte aber z. B. kein Todesurteil verhängen (vgl. der Prozess gegen Jesus). Doch die jüdischen Richter genossen großes Ansehen und hatten Einfluss auf die römischen Besatzer. Das wussten die Apostel. Immerhin hatten sie Pilatus dazu gebracht, ein Todesurteil über Jesus zu verhängen.

Groß war die Überraschung, als die Soldaten des Tempels mit der Nachricht zurückkamen, die Gefangenen seien fort. Sie konnten nichts Auffälliges feststellen, die Gefängnistüren waren verschlossen, die Bewacher standen pflichtbewusst davor, alles in Ordnung. Die logische Schlussfolgerung: ein Wunder. Aber Wunder tun kann nur Gott allein. Ein Wunder würde bedeuten, dass Gott hier seinen Willen durchsetzt – gegen ihre Wünsche und Absichten! Hatte tatsächlich Gott hier eingegriffen? War es sein Wille, dass die Gefangenen freikamen? Das können die Richter nicht eingestehen, denn dann stünde ja Gott auf der Seite der Apostel! Sie sind ratlos.

5,25+26. In diesem Augenblick kam jemand mit der Nachricht herein: „Die Männer, die ihr ins Gefängnis geworfen habt, sind schon wieder im Tempel und lehren dort!“ Sofort zog der Befehlshaber der Tempelwache mit seinen Männern zum Tempel und holte die Apostel. Allerdings wendeten sie keine Gewalt an, weil sie sonst fürchten mussten, vom Volk gesteinigt zu werden. Die schlechte Nachricht, dass die Apostel auf unerklärliche Weise aus dem Gefängnis entkommen konnten, wird eingeholt von einer noch schlechteren: Die Apostel stehen schon wieder im Tempel und tun das, was ihnen untersagt ist und wofür sie ins Gefängnis geworfen wurden: Sie reden öffentlich von Jesus. Sofort holt man sie, doch da sie im Volk hoch angesehen sind, geschieht das möglichst „geräuschlos“. Viele Menschen hatten Gutes erfahren durch die Apostel, wurden geheilt oder hielten sich zur christlichen Gemeinde.

Wahrscheinlich gehen die Apostel mehr oder weniger freiwillig mit. Sie wissen, dass Jesus an ihrer Seite ist – besonders in herausfordernden Situationen. Sie wissen, dass Gott sie hierher gestellt hat, um von ihm öffentlich zu erzählen. Da wird er sie jetzt nicht im Stich lassen. Er verfolgt einen Plan mit dem, was sie erleben. Sein Wille wird sich erfüllen. Indem sie ihm vertrauen, überwinden sie ihre berechtigte Furcht und gehen mutigen Schrittes mit.

5,27+28. Die Apostel wurden in den Gerichtssaal vor den Hohen Rat gebracht, wo der Hohepriester sie verhörte. „Haben wir euch nicht streng verboten, jemals wieder von diesem Jesus zu reden?“, begann er. „Und doch spricht inzwischen ganz Jerusalem davon. Ihr wollt uns sogar für den Tod dieses Menschen verantwortlich machen!“ Auch das Synhedrium tagte im Tempelbereich, der Weg war also nicht weit. Dort angekommen, ergreift der Hohepriester Hannas das Wort und befragt die Apostel, warum sie seinem Befehl nicht gehorchen. Der Vorwurf: Die Nachricht von diesem Jesus breitet sich immer weiter aus und gewinnt immer mehr Anhänger. Und der Hohepriester und das gesamte Synhedrium stehen immer mehr in schlechtem Licht, weil mit der Verbreitung dieses Glaubens auch die Wahrheit um den Tod dieses Jesus ans Licht kommt. Damals noch hatte ein Großteil des Volkes zusammen mit den jüdischen Machthabern skandiert: „Kreuzigt ihn!“ Doch jetzt ist die Stimmung im Volk gekippt, und die Mitglieder des Hohen Rates stehen allein mit ihrer Ablehnung und ihrem verhängten Todesbeschluss.

5,29-32. Petrus und die anderen Apostel erwiderten: „Man muss Gott mehr gehorchen als den Menschen! Der Gott unserer Vorfahren hat Jesus, den ihr ans Kreuz geschlagen und getötet habt, von den Toten auferweckt. Gott hat ihn durch seine Macht zum Herrscher und Retter erhoben, damit das Volk Israel zu Gott umkehren kann und ihm seine Sünden vergeben werden. Das werden wir immer bezeugen und auch der Heilige Geist, den Gott allen gibt, die ihm gehorchen.“ Petrus ist Wortführer der Apostel und erwidert mutig die Wahrheit, die das Rückgrat der ersten Christen ist: Gott zu gehorchen ist wichtiger, als Menschen zu gehorchen, auch wenn diese Menschen drohen, foltern, töten. Gottes Wille, dass alle Menschen die Gute Nachricht von Jesus hören, wiegt schwerer als alles andere.

Wer diese Vaterunser-Bitte „Dein Wille geschehe wie im Himmel so auf Erden“ betet, stimmt ein in Gottes Herzenssache der Mission und macht sie zu seiner eigenen. Das mag je nach äußeren Verhältnissen relativ leichtfallen, doch wird es immer eine Überwindung darstellen, von Jesus zu erzählen. Wie sehr kann es schon herausfordern, sich in der Familie, unter Kollegen oder Vereinsfreunden klar zu Jesus zu stellen? Wie viel mehr kostet es erst, wenn man weiß, dass man dafür benachteiligt wird oder gar eine Bestrafung zu fürchten hat, wie in manchen muslimischen Ländern und anderen Religionen? Doch Gottes Wille ist es, dass alle Menschen von Jesus hören und gerettet werden.

Petrus fasst die grundlegenden Dinge über das Geschehen von Karfreitag und Ostern noch mal zusammen: gekreuzigt, gestorben und begraben, am dritten Tag auferstanden von den Toten, aufgefahren in den Himmel und eingesetzt zur Rechten des Vaters als König der Welt. Durch ihn ist Rettung möglich für das Volk Israel, indem Sünden vergeben werden, d. h. die Beziehung zwischen Gott und Mensch bereinigt wird. Noch redet Petrus hier ausschließlich vom Volk Israel, doch mit seiner späteren Vision der unreinen Tiere, die auf Menschen anderer Volkszugehörigkeit verweisen, versteht auch er, dass Gott der Vater aller Menschen weltweit sein will (vgl. 10,1-11,18).

Nichts kann Petrus abhalten, die grundlegenden Wahrheiten des christlichen Glaubens zu bekennen. Doch nicht nur er allein redet, sondern auch der Heilige Geist bezeugt dies. Der Heilige Geist beseelt alle, die an Jesus

glauben und dem Vater gehorchen, und ist damit Motor und Kraft zur Mission. Petrus erlebt, was Jesus in Mk 13,11f vorausgesagt hat: „Wenn sie euch verhaften und vor Gericht bringen, braucht ihr euch nicht darum zu sorgen, was ihr aussagen sollt! Denn zur rechten Zeit wird Gott euch das rechte Wort geben. Nicht ihr werdet es sein, die Rede und Antwort stehen, sondern der Heilige Geist wird durch euch sprechen."
Wer betet: „Dein Wille geschehe", kann sich gelassen auf Gott verlassen. Gott wird reden. Gott wird mit Ideen beschenken. Gott wird Wege eröffnen. Er darf wissen: „Ich stehe hier nicht alleine. Gottes Wille wird geschehen." Wer ängstlich schweigt, wird auch kaum erleben, wie er handelt und Wunder tut.

5,33. **Diese Worte versetzten die Mitglieder des Hohen Rates in maßlose Wut, und sie beschlossen, die Apostel töten zu lassen.** Auf diesen Mut und dieses Selbstbewusstsein reagiert das jüdische Gericht wütend, denn seine Einschüchterungsversuche zeigen keinen Erfolg. Die Mitglieder des Hohen Rates beschließen, die Apostel zu töten, wie sie es auch bei Jesus getan haben. Sie haben Angst, dass sie dieser Sache anders nicht Herr werden. Diese Bewegung muss gestoppt werden, bevor zu viele diesem Jesus nachlaufen und sie selber in Bedeutungslosigkeit versinken und bevor Rom sie als unfähig abstempelt, mit internen Religionsstreitigkeiten nicht fertigzuwerden. So greifen sie zum drastischsten Mittel, das auch heute noch so manchem Christen droht. Vielleicht kennen Sie Organisationen wie „Open Doors", die jährlich einen Weltverfolgungsindex erstellt. Ist Ihnen bewusst, dass noch nie eine so starke Christenverfolgung stattfand wie in unseren Tagen heute? Christen, die verfolgt werden, brauchen unser Gebet. Menschen, die sich beruflich für die Verbreitung des Evangeliums hier in Deutschland und weltweit einsetzen, brauchen unser Gebet. Aber auch die Vielzahl der Ehrenamtlichen, die sich in Jungscharstunden, Seniorennachmittagen usw. für Jesus engagieren, brauchen unser Gebet.
Der weitere Verlauf der Geschichte zeigt, dass seine Wut den Hohen Rat nicht ganz blind macht. Er hört auf einen weisen Rat eines seiner Mitglieder und überlässt die Sache Gott (vgl. 5,34-42).

Was ist der Wille Gottes? Man wird dabei an ganz unterschiedliche Dinge denken, aber wenn ich es recht sehe, kreisen die Aussagen des Neuen Testaments in Bezug auf den Willen Gottes um zwei Themen: dass wir erstens unser Leben nach seinem Maßstab leben (vgl. z. B. 1 Thess 4,3: „Gott will, dass ihr ganz und gar ihm gehört. Deshalb soll niemand unerlaubte sexuelle Beziehungen eingehen."), und zweitens, dass alle Menschen von dem erfahren sollen, was Gott für sie getan hat (vgl. Mt 4,19: „Kommt mit mir! Ich will euch zeigen, wie ihr Menschen für Gott gewinnen könnt.").
Diese Vaterunser-Bitte setzt voraus, offen zu sein für Gottes Leitung, um seinen Willen umzusetzen. Bei den Aposteln geschah dies durch einen Engel. Wir hingegen werden im Normalfall durch Gottes Wort und durch das Reden seines Heiligen Geistes geführt. Doch es bleibt eine Herausforderung, Gottes Willen in der einzelnen, konkreten Situation zu erkennen und zu tun. Wann rede ich? Wann schweige ich? Wann ist es sinnvoll, wie zu handeln? Die Leitfrage ist: Bin ich bereit, mich von Gott führen zu lassen, sodass sein Wille geschieht? Und bin ich dazu auch dann noch bereit, wenn ich deswegen womöglich Nachteile erfahre? Von uns Christen wird verlangt, dass wir nicht das tun, was „man" tut oder was andere von uns erwarten, sondern dass wir das tun, was Gott will und segnet. Das bedeutet mitunter auch, neue, unbekannte oder außergewöhnliche Wege zu gehen. Dabei will Gottes Geist uns helfen.
Doch auch, wenn ich einmal willentlich nicht tue, was ich als Gottes Willen für eine konkrete Situation erkannt habe, wird Gott dennoch zu seinem Ziel kommen – zur Not auch an mir vorbei und ohne mich. Doch ich selber tue mir keinen Gefallen. Ich verpasse eine Chance, Gott zu gefallen und Gott zu erleben.
Im Himmel geschieht Gottes Wille bereits umfassend, weil Gott dort uneingeschränkt regiert. Darum loben die Engel ihn und rühmen seine großen Taten. Hier auf Erden tragen wir dazu bei, dass Gottes Wille geschieht. Und wie im Himmel die Engel Gott loben, so sollen wir ihn hier loben, indem wir von seinen großen Taten erzählen. Manchmal tun wir dies mit großer Freude und erleben, dass Menschen dadurch zum Glauben an Jesus finden. Manchmal tun wir dies unter Schmerz und Tränen und sehen nicht, dass sich bei den Menschen dadurch etwas ändert. Das Ziel bleibt: dass im Himmel und auf Erden Gottes Lob laut werde, bis der König des Himmels und der Erde wiederkommt. Dann wird es geschehen: „Vor Jesus werden einmal alle auf die Knie fallen: alle im Himmel, auf der Erde und im Totenreich. Und jeder ohne Ausnahme soll zur Ehre Gottes, des Vaters, bekennen: Jesus Christus ist Herr!" (Phil 2,10f).

7 Die vierte Vaterunser-Bitte: „Unser tägliches Brot gib uns heute."

Matthäus 6,24-34

Einstieg
15–20 Minuten
Wählen Sie bitte eine oder zwei Fragen aus.

1. Zählen Sie bitte so viele Dinge wie möglich auf, womit Gott Sie heute beschenkt hat! Beginnen Sie bei den offensichtlichen Dingen, und vergessen Sie nicht die ganz alltäglichen.

2. Überlegen Sie: Wie hat Gott in der vergangenen Woche für Sie gesorgt? Wie im vergangenen Monat? Wie im vergangenen Jahr? Wie in Ihrem bisherigen Leben?

3. Gehen Sie in Gedanken durch Ihre Wohnung/Ihr Haus. Wie gut geht es Ihnen!

4. Können Sie davon berichten, wie Gott einen Mangel auf unerwartete oder wundersame Weise behoben hat? An welche Begleitumstände erinnern Sie sich?

5. Gehen Sie einen für Sie gewöhnlichen Tageslauf durch. Wie sehr lassen Sie sich gefangen nehmen von Sorgen um das Alltägliche (bei Hausfrauen z. B. Kochen, Putzen oder Waschen; bei selbstständigen Geschäftsleuten z. B. Personalfragen oder Liefertermine)? Über all Ihren Fragen, die Sie umtreiben – wie viel Zeit verbringen Sie mit Gott?

6. Kennen Sie Menschen in Ihrem Umfeld, die mit wenig auskommen müssen? Was bereitet ihnen Sorge?

Gott versorgt

Matthäus 6,24-34: 24 „Niemand kann zwei Herren gleichzeitig dienen.
Wer dem einen richtig dienen will, wird sich um die Wünsche des anderen nicht kümmern können. Er wird sich für den einen einsetzen und den anderen vernachlässigen. Auch ihr könnt nicht gleichzeitig für Gott
und das Geld leben. 25 Darum sage ich euch: Macht euch keine Sorgen
um euren Lebensunterhalt, um Essen, Trinken und Kleidung. Leben bedeutet mehr als Essen und Trinken, und der Mensch ist wichtiger als

seine Kleidung. [26] Seht euch die Vögel an! Sie säen nichts, sie ernten nichts und sammeln auch keine Vorräte. Euer Vater im Himmel versorgt sie. Meint ihr nicht, dass ihr ihm viel wichtiger seid? [27] Und wenn ihr euch noch so viel sorgt, könnt ihr doch euer Leben um keinen Augenblick verlängern. [28] Weshalb macht ihr euch so viele Sorgen um eure Kleidung? Seht euch an, wie die Lilien auf den Wiesen blühen! Sie können weder spinnen noch weben. [29] Ich sage euch, selbst König Salomo war in seiner ganzen Herrlichkeit nicht so prächtig gekleidet wie eine dieser Blumen. [30] Wenn Gott sogar das Gras so schön wachsen lässt, das heute auf der Wiese grünt, morgen aber schon verbrannt wird, wie könnte er euch dann vergessen? Vertraut ihr Gott so wenig? [31] Zerbrecht euch also nicht mehr den Kopf mit Fragen wie: ‚Werden wir genug zu essen haben? Und was werden wir trinken? Was sollen wir anziehen?' [32] Mit solchen Dingen beschäftigen sich nur Menschen, die Gott nicht kennen. Euer Vater im Himmel weiß doch genau, dass ihr dies alles braucht. [33] Sorgt euch vor allem um Gottes neue Welt, und lebt nach Gottes Willen! Dann wird er euch mit allem anderen versorgen. [34] Deshalb sorgt euch nicht um morgen – der nächste Tag wird für sich selber sorgen! Es ist doch genug, wenn jeder Tag seine eigenen Lasten hat."

Matthäus 6,11 (L): „Unser tägliches Brot gib uns heute."

Bibelgespräch
30–45 Minuten
Wählen Sie ggf. unter den Fragen aus.

1. Was ist momentan Ihre Hauptsorge, die Sie blockiert und abends nicht einschlafen lässt? Vielleicht eins dieser Beispiele: Wie komme ich mit meinen Kindern zurecht? Wie schaffe ich meinen Haushalt jeden Tag? Wie komme ich von meinem Schuldenberg runter? Wie schaffe ich einen guten Schulabschluss? Wo finde ich einen Arbeitsplatz? Was würde passieren, wenn Sie Ihre Hauptsorge bei Gott ablegen? Wie sähe das konkret aus?

2. Wie gut gelingt es Ihnen, sich vollständig auf Gott zu verlassen und von ihm abhängig zu machen? Welche Gefühle haben Sie dabei? Sehen Sie in Gott einen, dessen widerwilliger Hand Sie ein paar Krümel entreißen müssen, oder ist er Ihr Vater, der Sie mit großzügiger Hand mit unzähligen Dingen beschenkt?

3. Was bedeutet es für Sie, Gott und seine Sache an erste Stelle zu setzen? Gibt es Lebensbereiche, bei denen das schon gelingt? In welchen haben Sie Nachholbedarf?

4. Wenn Sie Jesu Prioritätensetzung befolgen, was tun Sie mit der gewonnenen Zeit, Kraft, Möglichkeiten? Wie können Sie Gottes Sache voranbringen?

5. Jesus fordert: „Sei für den Vater und seine Sache da!“ Bedeutet das, dass wir die Hände in den Schoß legen, unseren Beruf aufgeben, nichts mehr arbeiten, keine Vorsorge treffen? Vergleichen Sie dabei die Vögel: Warten die, bis Gott ihnen das Futter in den Schnabel wirft? Wie ist Jesu Forderung recht zu verstehen?

6. Haben Sie eine Idee, wo und wie Gott Sie gebrauchen möchte, um anderen den Tisch zu decken oder ihren Mangel zu beheben?

Austausch und Gebet

15–30 Minuten

1. Wollen Sie mal wieder einen Spaziergang machen und Vögel und Blumen betrachten? Gottes Schöpfung ist ein Lehrbuch der Fürsorge Gottes. Denn sie lehrt Vertrauen.

2. Erzählen Sie einander von Ihren Hauptsorgen! Beten Sie miteinander, dass Sie sie Stück für Stück Gott überlassen können.

3. In einer Zeitschrift habe ich von einem Ehepaar gelesen. Der Artikel war überschrieben mit „Dankbarkeit – die unentdeckte Kraftquelle“. Dieses Ehepaar hat im Lauf der Zeit immer wieder – manchmal auch mehrmals täglich – Dinge aufgeschrieben, für die sie dankbar waren. Diese Zettel taten sie in einen Segensbeutel. Am Erntedankfest schütteten sie den Beutel aus und lasen all diese Zettel. Sie waren überwältigt von all dem Guten, mit dem Gott sie gesegnet hatte. Hätten sie die Dinge nicht aufgeschrieben, wären sie wohl in Vergessenheit geraten. Einer der letzten Sätze des Zeitschriftenartikels lautete: „Wie konnten wir jemals noch einmal daran zweifeln, dass Gott sich um alle unsere Nöte kümmert? ... Wann immer wir in der Versuchung stehen zu jammern, sprechen wir stattdessen heute viel lieber ein Dankgebet.“ Versuchen Sie es doch auch einmal mit einem Segensbeutel!

4. Haben Sie eine Vorstellung, was Sie für Gottes Sache tun könnten? Vielleicht hilft es Ihnen, wenn Sie überlegen, welche Gaben Sie haben.

5. Wenn diese Vaterunser-Bitte meint, dass Gott die Lebensumstände so gestalten soll, dass wir uns für seine Sache einsetzen können, wie könnten wir dazu beitragen, dass dies andernorts Menschen, die Hunger leiden und Ungerechtigkeit ausgesetzt sind, auch erfahren?

Erläuterungen

Zusammenfassung: Ein Abschnitt aus der Bergpredigt will uns helfen zu verstehen, was diese vierte Vaterunser-Bitte meint. Zur Einführung in die Bergpredigt vgl. Einheit 2.

6,24. „Niemand kann zwei Herren gleichzeitig dienen. Wer dem einen richtig dienen will, wird sich um die Wünsche des anderen nicht kümmern können. Er wird sich für den einen einsetzen und den anderen vernachlässigen. Auch ihr könnt nicht gleichzeitig für Gott und das Geld leben." Jesus steigt mit einem auch heute noch anschaulichen Bild ein: Es geht um ein Entweder-oder. **Zwei Herren** bzw. zwei Chefs **gleichzeitig** zu haben, das geht nicht, da man so keinem von beiden gerecht wird. Es zerreißt einen. Die Devise muss lauten: Einem von beiden, dem aber ganz. Ansonsten bleibt für beide Herren nur Mittelmaß übrig, und damit werden beide nicht zufrieden sein. Wir sind gefordert zu wählen, wem wir dienen. Ob ich dienen werde, ist nicht die Frage. Jeder, auch der moderne Mensch, hat etwas, das er „anbetet", das für ihn Gott ist, für das er sich einsetzt. Die Frage ist nur, wem er dient. Hat er gewählt, wird er den Wünschen des einen nachkommen, denen des anderen selbstverständlich nicht.
Auf diese allgemeingültigen Feststellungen nennt Jesus ein konkretes Beispiel: Die Alternativen heißen **Gott** oder **Geld**. Beide sind Herren, die Dienst fordern. Doch nur einem werde ich dienen können. Wen wähle ich?
Nachdem die Alternative klar ist, führt Jesus im Folgenden weiter aus, welche Konsequenzen es hat, wenn ich mich dafür entscheide, Gott meinen Herrn zu nennen.

6,25. „Darum sage ich euch: Macht euch keine Sorgen um euren Lebensunterhalt, um Essen, Trinken und Kleidung. Leben bedeutet mehr als Essen und Trinken, und der Mensch ist wichtiger als seine Kleidung." Wer Jesus nachfolgt, will Gott dienen, nicht dem Geld. Doch das ist leichter gesagt als getan. „Geld regiert die Welt", sagen wir, und es erhebt auch auf Christen immer wieder Anspruch. Durch die **Sorge** um die finanzielle Absicherung drängt sich das Thema Geld immer wieder mit Macht in die erste Reihe und fordert unsere Aufmerksamkeit und gebührenden Raum. Geben wir ihm zu viel Aufmerksamkeit und Raum?
Dass wir uns um unseren Lebensunterhalt kümmern und dafür z. B. einer Arbeit nachgehen, darum geht es hier nicht. Was gemeint ist: sorgen im Sinne von ängstlich in die Zukunft blicken oder grüblerisch sich zermürben. So mache ich mir dann übermäßig viele Gedanken um meinen **Lebensunterhalt**, d. h. um Essen, Trinken, Kleidung, Altersabsicherung, angemessenen Wohlstand in Form eines Autos, Smartphones, Wohnraums, ... Doch darum sollen meine Gedanken nicht unablässig kreisen. Dinge wie Nahrung und Kleidung sind wichtig, aber nicht so wichtig, dass der Mensch ihnen dienen und für sie allein leben soll. Das Absurde in unserer westlichen Welt ist ja, dass unsere Grundbedürfnisse – anders als anderswo auf der Welt – meist mehr als gestillt sind und wir uns trotzdem oft Sorgen um unsere Zukunft machen. Machen wir uns klar, dass Gottes erstes Gebot in der Bibel lautet (vgl. 1. Mo 2,16): „Iss!"

6,26+27. „Seht euch die Vögel an! Sie säen nichts, sie ernten nichts und sammeln auch keine Vorräte. Euer Vater im Himmel versorgt sie. Meint ihr nicht, dass ihr ihm viel wichtiger seid? Und wenn ihr euch noch so viel sorgt, könnt ihr doch euer Leben um keinen Augenblick verlängern." Zum Verständnis greift Jesus wieder zu einfachen Vergleichen. Ein Beispiel in Bezug auf Essen und Trinken: **Vögel** haben die Eigenschaft, einfach im Hier und Jetzt zu leben. Sie sind fröhlich und fliegen frei umher und zwitschern vor ihrem Schöpfer. Dabei sind sie keineswegs faul, im Gegenteil. Doch sie sorgen sich nicht in dem Sinn, dass sie vorausschauend in die Zukunft planen. Sie sind keine Landwirte, die säen, gießen, düngen, ernten und sogar für schlechte Zeiten Vorräte anhäufen. Sie leben einfach und widmen ihre Zeit und Energie dem, was jetzt gerade ansteht: Nestbau, Futtersuche, Flugunterricht für die Kleinen usw. Erstaunlicherweise **versorgt** ihr himmlischer Vater sie trotzdem. So haben sie genug und meistens sogar mehr als das. Und wenn wir an die vielen Vogelhäuschen in unseren Gärten denken, ist sogar im Winter der Tisch im Überfluss gedeckt.
Wenn der Vater schon für jeden Piepmatz den Tisch so reich deckt, sollte er es uns nicht erst recht tun? Im Vergleich mit einem Vogel sind wir Gotteskinder ihm doch noch viel wichtiger. Wenn er es für sie tut, dann für uns doch noch viel mehr! Wir brauchen oft nur die Augen aufzumachen und aufmerksamer für seine Geschenke und liebevolle Fürsorge zu sein, um das zu erkennen.
Unsere Sorgen um unseren Lebensunterhalt resultieren aus dem Wunsch nach Lebenserhalt. Im Wissen, dass Gott jedes Leben in seiner Hand hält und auch dessen Todeszeitpunkt bestimmt, hilft kein noch so großes Sorgenmachen. **Leben verlängern** können wir nicht, und mit unserem Sorgen schaffen wir das auch nicht. Daher überlassen wir es ihm, für uns zu sorgen – er kann es besser, als wir es jemals könnten.

6,28-30. „Weshalb macht ihr euch so viele Sorgen um eure Kleidung? Seht euch an, wie die Lilien auf den Wiesen blühen! Sie können weder spinnen noch weben. Ich sage euch, selbst König Salomo war in seiner ganzen Herrlichkeit nicht so prächtig gekleidet wie eine dieser Blumen. Wenn Gott sogar das Gras so schön wachsen lässt, das heute auf der Wiese grünt, morgen aber schon

verbrannt wird, wie könnte er euch dann vergessen? Vertraut ihr Gott so wenig?" Ein weiteres Beispiel, nun in Bezug auf unsere Kleidung: **Blumen** haben die Eigenschaft, einfach da zu sein und schön auszusehen. Dass sie selber nichts tun können wie ein Vogel oder ein Mensch, treibt den Vergleich auf die Spitze und zeigt die Unsinnigkeit, sich zu sorgen. Sie kümmern sich nicht um ihr Aussehen, schminken sich nicht, spinnen keine Wolle zu Fäden, woraus sie Kleider nähen könnten. Sie freuen sich daran, wie sie sind. Dazu haben sie auch allen Grund, denn ihr Schöpfer hat sie filigran gestaltet, und jede von ihnen ist auf ihre Weise wunderschön anzuschauen. Im Vergleich vermochte dies sogar ein **König Salomo,** der Geld hatte wie Sand am Meer und sich alle Modetrends der Welt leisten konnte, nicht zu toppen. Seine Pracht und Herrlichkeit war schlicht nichts gegen sie.

Wenn der Vater schon in das Aussehen der Blumen so viel Mühe investiert, obwohl sie nur wenige Tage oder Wochen blühen, oder jemand sie morgen schon zum Heizen verwenden könnte, dann in uns nicht erst recht? Wir Menschen leben viel länger als Blumen. Wie könnte er uns dann vergessen und sich nicht um uns kümmern? Überlassen wir es daher ihm, für uns zu sorgen.

Was Jesus mit seinen beiden Vergleichen vom Vogel und der Blume sagen will: Jeder Dreckspatz und jedes Mauerblümchen hat anscheinend mehr Glauben in den Vater als wir! Denn solch Sorgenmachen lässt auf mangelndes **Vertrauen** schließen. Ängstliches In-die-Zukunft-Blicken muss als gefährlicher Vertrauensbruch entlarvt werden. Es ist Gift, das unseren Glauben kaputt macht. Sorgen machen das mangelnde Vertrauen offenbar. Wir dürfen uns dankbar an dem freuen, was uns der Vater schenkt, und unseren Wohlstand auch genießen – wie der Vogel und die Blume. Und damit rechnen, dass Gott auch weiterhin so spendabel bleibt, einfach weil er es gerne ist.

6,31+32. „Zerbrecht euch also nicht mehr den Kopf mit Fragen wie: ‚Werden wir genug zu essen haben? Und was werden wir trinken? Was sollen wir anziehen?' Mit solchen Dingen beschäftigen sich nur Menschen, die Gott nicht kennen. Euer Vater im Himmel weiß doch genau, dass ihr dies alles braucht." Sorgenvolles Fragen nach Essen, Trinken oder Kleidung – und schließen Sie bitte all das hier ein, was Ihnen sonst so Sorgen bereitet – ist sinnlos. Sie zeugen nicht nur von mangelndem Vertrauen, sondern zeichnen gottlose Menschen aus. Die, **die Gott nicht kennen,** haben keinen, von dem sie wissen, dass er für sie sorgt. Darum müssen sie sich solche Sorgen machen. Sie haben keine Adresse, an die sie ihre Sorgen abgeben könnten. Darum sagen sie: „Um mich kümmert sich keiner, außer mir selbst." Wir Christen aber haben einen: unseren **Vater im Himmel.** Er **weiß,** was wir zum Leben **brauchen,** weil er sich das Leben und unseren bedürftigen Körper ausgedacht hat. Wenn er uns Leib und Leben geschenkt hat, sollte er uns nicht auch alles andere dazuschenken? Wenn ich ihm nachfolge, werde ich ihm zutrauen, dass er sich um mich und alles Lebensnotwendige (und noch viel mehr) kümmern wird. Wer sich Sorgen macht, lebt so, als ob es keinen himmlischen Vater gäbe. Er geht stillschweigend davon aus, dass sein Schöpfer sich verabschiedet hat. Das wäre Gotteslästerung. Vertrauensvolles Zutrauen zieht gelassenes Anvertrauen nach sich.

6,33. Sorgt euch vor allem um Gottes neue Welt, und lebt nach Gottes Willen! Dann wird er euch mit allem anderen versorgen. Eine Sorge bekommen wir nun aber doch aufgetragen – doch sie hat eine andere Qualität: Statt eines ängstlichen Blicks in die Zukunft wird Sorgen nun als Investition in **Gottes neue Welt** verstanden. Das soll den ersten Platz im Leben bekommen.

Stellen Sie sich vor, Ihr Kopf sei eine Flasche. Wenn Sie diese füllen mit Sorgen um Essen, Trinken, Kleider usw. – wie viel Platz bleibt dann noch für Gott und sein Reich? Erst wenn ich Gott meine persönlichen Sorgen überlasse, bin ich frei von diesem Zweitwichtigsten und habe Kapazitäten und Freiräume für das Wichtigste. Nun lebe ich für Gottes Sache und investiere meine Kraft, Zeit, Möglichkeiten usw. dafür.

Mit **Gottes neue Welt** meint Jesus wohl auch Gottes Namen, sein Reich und seinen Willen aus den vorhergehenden Vaterunser-Bitten. Seine Ehre, sein Einflussbereich, sein Wille sollen mich umtreiben, meine Gedanken gefangen nehmen und alle meine Energie und Kraft in Anspruch nehmen.

Natürlich wird eine Krankheit oder der Tod eines lieben Menschen meine Aufmerksamkeit fordern und berechtigten Raum in meinem Leben einnehmen. Doch die Frage ist dann: Wie kann ich mit meiner Krankheit und mit meinem Verlust etwas für Gottes Reich beitragen? Gott kann jeden in seiner Lage gebrauchen. Wenn ich Gott und seiner Sache den ersten Platz im Leben gebe, zieht er sich durch mein Leben wie ein roter Faden. Überall und bei allem regiert er: in der Familie, im Beruf, bei Geldfragen, beim Einkauf, in meiner Freizeit – überall. Unsere erste Sorge soll sein: Was liegt im Interesse Gottes? Und daran orientiere ich mein Tun.

Da bleibt dann kein Platz mehr für Sorgen um Nebensächliches. Das überlasse ich getrost dem, der verspricht, mich **mit allem anderen** zu **versorgen,** was ich nötig habe. Das heißt, wenn ich all meine Kraft, Energie und Möglichkeiten für ihn verwende, verwendet er all seine Kraft, Energie und Möglichkeiten für mich. Viele können berichten, dass sie erlebt haben, wie Gott Engagement für seine neue Welt reich zurückbezahlt hat. Einer setzt sich neben Beruf und Familie als Jungscharmitarbeiter oder Kirchengemeinderat ein und stellt staunend fest, dass Gott ihn an anderer Stelle unverhofft mit Zeit für Beruf und Familie

segnet. Eine gibt von ihrem Einkommen für Gottes neue Welt und bemerkt, dass dennoch immer mehr als genug da ist.
Gott und ich machen sozusagen Jobsharing: Ich begebe mich in Abhängigkeit zu ihm und mache meinen Teil, er bindet sich im Gegenzug an mich und erfüllt seinen Teil. Gott hält mir quasi den Rücken frei, damit ich meiner einen Sorge nachkommen kann und nicht Kraft, Zeit, Möglichkeiten abzweige für Dinge, die er besser kann. Ich konzentriere mich ganz auf das Meine, d. h., ich diene nur diesem einen Herrn (vgl. V. 24). Zuerst das Reich Gottes, alles andere gibt sich, weil er es schenkt.

6,34. „Deshalb sorgt euch nicht um morgen – der nächste Tag wird für sich selber sorgen! Es ist doch genug, wenn jeder Tag seine eigenen Lasten hat.“ Sorgen um morgen – hier ist wieder der ängstliche Blick in die Zukunft gemeint – ist überflüssig und beschwerend. Wer will sich schon die Zentnerlast von morgen, von übermorgen, der nächsten Woche oder sogar von Monaten oder Jahren aufladen? Aber genau das tun wir nur allzu oft!
Aus einer Predigt von Peter Royer stammt der Satz: „Wenn ich mich sorge, dann nimmt mir das nicht den Kummer für morgen, aber es nimmt mir die Kraft und die Freude für heute.“ Nichts wird besser durch mein Sorgen, im Gegenteil. Heute stellt Gott mich in diese Welt, wo er mich gebrauchen möchte zur Beförderung seiner Ehre, seines Reiches, seines Willens. Der morgige Tag ist sein Problem. Dafür brauche ich keine Energie zu verschwenden und mich vom Wesentlichen ablenken zu lassen. Ich soll heute für ihn leben und mich von ihm gebrauchen lassen. Dabei gibt es genug für mich zu tun, genug Lasten zu schultern. Wer sich ängstlich die Sorgen von morgen auflädt, ist zu sehr beschäftigt mit der Zukunft, und übersieht schnell die Herausforderung der Gegenwart.
Dies ist freilich nicht zu verwechseln mit einem nötigen Vorausblick. Es ist nicht verkehrt, vorausdenkend zu handeln, klug zu planen oder für Dinge in der Zukunft zu beten. Doch wer dies nicht hoffnungsfroh, sondern verzagt und ängstlich tut, nicht im Wissen, dass der Vater versorgen wird, ist gefangen in den Sorgen um das Morgen, anstatt sich im Hier und Heute zu bewegen.

Mit der Bitte „Unser tägliches Brot gib uns heute“ schärft uns Jesus den Blick für diese Dinge:
Der Plural **unser** eröffnet einen weiten Raum, in dem ich als Einzelner mich einordnen und unterbringen kann. Es bewahrt davor, mit dem eigenen Sattsein zufrieden zu sein. Diese Bitte verpflichtet, die Augen zu heben und über den eigenen Tellerrand zu schauen auf des Nachbarn Teller, ob auch er ausreichend gefüllt ist. Dies beginnt in der eigenen Familie, setzt sich fort im Dorf, in der Region – und endet weltweit. Gemeinde ist so immer auch Solidargemeinschaft, wo Teilen als eine Selbstverständlichkeit eingeübt wird. Damit gilt: Jeder soll seine Gaben für das Reich Gottes einbringen können, ohne abgelenkt zu sein durch Sorge um das Tägliche.
Jesus geht es um das **tägliche** Brot. Jeden Tag versorgt Gott aufs Neue. Brot ist verderblich und damit ein Sinnbild für unsere wiederkehrende Bedürftigkeit. Ein Brot ist ja keine Versorgung für ein ganzes Jahr, sondern täglich brauche ich es. Jeden Tag werde ich daran erinnert, wie sehr ich von Gottes Versorgen abhängig bin. Der griechische Urtext „unser tägliches Brot gib uns heute“ kann auch übersetzt werden mit: „Unser Brot für morgen gib uns heute.“ Jeden Tag kann ich mich darauf verlassen, dass mein Vater mich gut versorgt. Weil ich ihm zutraue, dass er um meine Bedürfnisse weiß, wird er sich heute ganz bestimmt um mich kümmern, und auch morgen und übermorgen, überübermorgen ...
Brot ist Grundnahrungsmittel. Diese Bitte schließt ein, dass Gott Korn wachsen lässt und gutes Zusammenspiel von Regen und Sonnenschein schenkt. Er gibt genug von beidem und beides zur rechten Zeit. Doch Brot steht auch stellvertretend für all das, was das Leben noch ausmacht: Kleidung, ein Dach über dem Kopf, sinnstiftende Arbeit, gute Freunde – alles, was zum Lebenserhalt und zur Lebenszufriedenheit nötig ist. So groß ist Gottes Liebe, dass er es dabei oft selbst an Luxusgütern nicht mangeln lässt. Allerdings werden Menschen, die Mangel im Leben erleiden müssen (z. B. Menschen in Armut, verprügelte Ehefrauen, verfolgte Christen), Mühe haben, dem so zuzustimmen. Darum wird man unter **Brot** im Sinne eines Grundnahrungsmittels auch solche Grundbedürfnisse verstehen müssen wie gerechte Lebensverhältnisse, freie Glaubensausübung, angemessenes Auskommen usw.
Es geht bei dieser Bitte um mein Zutrauen Gott gegenüber. Fest daran zu glauben, dass er es wirklich gut mit mir meint und mich täglich reich und überfließend versorgt, damit ich für ihn und sein Reich da sein kann. Vielleicht kann man diese Bitte auch so übersetzen: „Vater, versorge du mich und meine Gemeinde, damit wir dir und deiner Sache dienen können.“ Die meisten in unserem Land erleben Gottes Versorgen in der Form, dass sie eine Arbeitsstelle haben, durch die ihnen ein gutes Auskommen garantiert ist. Die, die keine Arbeit haben, sind durch ein solidarisches soziales Netz getragen. Auch darin ist Gottes gnädiges Versorgen zu entdecken. Wir sind versorgt, damit wir unseren Glauben leben und uns für Gott einsetzen können.
Es gilt beides: Auf der einen Seite sagt Gott: „Du wirst dir dein Brot mit Schweiß verdienen müssen“ (1 Mo 3,19). Auf der anderen Seite durften etwa 5000 Menschen erleben, wie es spät wurde und ihr Hunger gestillt wurde (vgl. Mt 14,17-20). „Wir haben nur fünf Brote und zwei Fische!“, meinten Jesu Jünger. „Dann bringt sie her!“, sagte Jesus. Nun forderte er die Leute auf, sich vertrauensvoll ins Gras zu setzen. Dann nahm er die fünf Brote und die zwei

Fische, sah zum Himmel auf und dankte Gott. Die Menge war verblüfft, denn Jesus teilte das Brot, und alle wurden satt.

Die Bibel spricht an vielen Stellen davon, wie gut unser Vater es mit uns meint. Ein weiteres Beispiel ist Psalm 36,7b-10: „Mensch und Tier erfahren deine Hilfe, o Herr! Wie kostbar ist deine Güte, o Gott: Bei dir finden Menschen Schutz und Sicherheit. Aus deinem Überfluss schenkst du ihnen mehr als genug, mit Freude und Wonne überschüttest du sie. Du bist die Quelle – alles Leben strömt aus dir. In deinem Licht sehen wir das Licht.“ Mit solchen Worten auf den Lippen können wir uns getrost ans Werk machen und vertrauen, dass Gottes Sache gelingt.

8 Die fünfte Vaterunser-Bitte: „Und vergib uns unsere Schuld, wie auch wir vergeben unseren Schuldigern."

MATTHÄUS 18,21-35

Einstieg
15–20 Minuten
Wählen Sie bitte eine oder zwei Fragen aus.

1. Haben Sie vor Gott schon mal Schuld zugegeben und ausgesprochen? Wie ging es Ihnen dabei? Glauben Sie, dass er Ihnen vergeben hat?

2. Gibt es Menschen, an denen Sie schuldig geworden sind? Wenn Sie möchten, erzählen Sie den anderen davon. Worum ging es? Was waren Ihre Beweggründe? Haben Sie sich entschuldigt? Wie haben Sie sich in dem Moment gefühlt?

3. Wie haben Menschen reagiert, als Sie sich für etwas entschuldigt haben? Kam es auch vor, dass jemand Sie mit Ihrem Wunsch um Vergebung abgewiesen hat?

4. Was meinen Sie: Wer sollte bei einem Streit den ersten Schritt zur Versöhnung tun? Warum fällt der erste Schritt meist so schwer?

5. Wenn es jemanden in Ihrem Leben gibt, der Ihnen sehr wehgetan hat – haben Sie ihm/ihr vergeben? Wenn nein, warum (noch) nicht?

6. Gibt es einen Zusammenhang zwischen schuldig gegenüber Menschen und schuldig gegenüber Gott?

Vergebung kennt keine Grenzen
Matthäus 18,21-35: 21 Da fragte Petrus: „Herr, wie oft muss ich meinem Bruder vergeben, wenn er mir Unrecht tut? Ist siebenmal denn nicht genug?" 22 „Nein", antwortete Jesus. „Nicht nur siebenmal, sondern siebzig mal siebenmal. 23 Man kann die neue Welt Gottes mit einem König vergleichen, der mit seinen Verwaltern abrechnen wollte. 24 Zu ihnen gehörte ein Mann, der ihm einen Millionenbetrag schuldete. 25 Aber er konnte diese Schuld nicht bezahlen. Deshalb wollte der König ihn, seine Frau, seine Kinder und seinen gesamten Besitz verkaufen lassen, um wenigs-

tens einen Teil seines Geldes zu bekommen. 26 Doch der Mann fiel vor dem König nieder und flehte ihn an: ‚Herr, hab noch etwas Geduld! Ich will ja alles bezahlen.‘ 27 Da hatte der König Mitleid. Er gab ihn frei und erließ ihm seine Schulden. 28 Kaum war der Mann frei, ging er zu einem der anderen Verwalter, der ihm einen kleinen Betrag schuldete, packte ihn, würgte ihn und schrie: ‚Bezahl jetzt endlich deine Schulden!‘ 29 Da fiel der andere vor ihm nieder und bettelte: ‚Hab noch etwas Geduld! Ich will ja alles bezahlen.‘ 30 Aber der Verwalter wollte nicht warten und ließ ihn ins Gefängnis werfen, bis er alles bezahlt hätte. 31 Als nun die anderen sahen, was sich da ereignet hatte, waren sie empört und berichteten es dem König. 32 Da ließ der König den Verwalter zu sich kommen und sagte: ‚Was bist du doch für ein hartherziger Mensch! Deine ganze Schuld habe ich dir erlassen, weil du mich darum gebeten hast. 33 Hättest du da nicht auch mit meinem anderen Verwalter Erbarmen haben können, so wie ich mit dir?‘ 34 Zornig übergab er ihn den Folterknechten. Sie sollten ihn erst dann wieder freilassen, wenn er alle seine Schulden zurückgezahlt hätte. 35 Auf die gleiche Art wird mein Vater im Himmel euch behandeln, wenn ihr euch weigert, eurem Bruder wirklich zu vergeben.“

Matthäus 6,12 (L): „Und vergib uns unsere Schuld, wie auch wir vergeben unsern Schuldigern.“

Bibelgespräch
30–45 Minuten
Wählen Sie ggf. unter den Fragen aus.

1. Wie wirkt dieser Gott auf Sie, der seine Vergebung an Ihre Vergebung koppelt (Mt 18,35)? Passt das für Sie mit dem Bild vom „lieben Gott“ zusammen? Andere Stimmen der Bibel können über Gottes Vergebung wie von einer unrevidierbaren Tatsache reden, z. B. Mi 7,19; Eph 1,7: Wie passt das aus Ihrer Sicht zu Jesu Beispielgeschichte aus Mt 18?

2. Der König in dem Gleichnis zeigt Erbarmen. Machen Sie sich klar, wie viel Gott investiert hat, um Erbarmen mit uns zu haben, um uns zu vergeben! Tragen Sie dazu Aussagen der Bibel zusammen, die zeigen, wie Jesus für uns gelitten hat!

3. Die Vaterunser-Bitte formuliert „Vergib uns unsere Schuld ...“ – ohne zu fragen, ob wir überhaupt Schuld auf uns geladen haben. Wie geht es Ihnen mit dem Gedanken, dass Sie vor Gott immer schuldig sind – egal, ob Ihnen eine Schuld bewusst ist oder nicht?

4. Gibt es Ihrer Ansicht nach schlimme und weniger schlimme Sünden? Die katholische Theologie differenziert z. B. in lässliche Sünden und Todsünden. Demgegenüber werden in Sündenkatalogen wie Röm 1,29-31 verschiedene Sünden unterschiedslos aneinandergereiht. Wie verstehen Sie das?

Austausch und Gebet
15–30 Minuten

1. Könnten Sie es sich vorstellen, mit jemandem über Ihre Schuld zu sprechen und sich von ihr/ihm Gottes Vergebung zusprechen zu lassen? Könnte dies für Sie eine vergewissernde Qualität an Vergebung darstellen? Denken Sie, dass eine Abendmahlfeier Ihnen helfen könnte, Gottes Vergebung spürbar zu erleben?

2. Jeder in Ihrer Gruppe nehme sich ein Blatt Papier und einen Stift zur Hand. Skizzieren Sie an den linken Rand des Blattes einen Menschen mit einem Rucksack auf dem Rücken. Nun schreiben Sie in den Rucksack all die Dinge, bei denen es Ihnen schwerfällt zu vergeben. Machen Sie sich klar, wer den Rucksack trägt: Sie selbst! Daher schreiben Sie Ihren Namen in den Menschen! Nun malen Sie auf die rechte Seite des Blattes einen zweiten Menschen und schreiben die Namen der Personen hinein, denen Sie die Dinge aus Ihrem Rucksack hinterhertragen! Spüren Sie dem nach, wie schwer Sie zu tragen haben! Überlegen Sie: Was spüren die anderen Personen? Was leiten Sie aus Ihren Überlegungen ab?

3. Der große Unterschied zwischen den beiden Gläubigern besteht in der Herzenshaltung: barmherzig und hartherzig. Wohin tendieren Sie? Gibt es jemanden, auf den Sie noch in dieser Woche zugehen werden, um Versöhnung anzubieten? Nehmen Sie sich vorher ausreichend Zeit, um zu überlegen, was Sie sagen wollen, wenn Sie vor ihr/ihm stehen! Und überlegen Sie sich, was Sie tun werden, wenn die Person abblockt und zu keiner Versöhnung bereit ist.

4. Angesichts dessen, dass Gott daraus Konsequenzen zieht, ob Sie vergeben oder nicht (vgl. V. 35 und die Fortsetzung des Vaterunsers), verstummen Sie nun lieber – oder beten Sie das Vaterunser auch weiterhin gerne?

5. Wie können Christen dahin kommen, dass sie anderen vergeben, wenn sie ihnen sehr schweres Leid angetan haben (z. B. Vergewaltigung; Eltern, deren Kind ermordet wurde, ...)? Müssen sie vergeben? Gilt Jesu Vaterunser-Bitte auch ihnen? Was raten Sie ihnen?

Erläuterungen

Zusammenfassung: Das gesamte Kapitel 18 des Matthäusevangeliums handelt von Dingen, die das Zusammenleben in der christlichen Gemeinde betreffen. Es ist ein ausgesprochen praktisches Kapitel. Überschreiben könnte man es mit: „Übt Liebe untereinander!"
Die Jünger kommen mit einer Frage zu Jesus. Dieser enge Kreis der ersten zwölf Nachfolger steht stellvertretend für alle Jesus-Jünger, d. h. für die Gemeinde Jesu. Jesus antwortet auf ihre Frage, indem er weit ausholt und folgende Themen behandelt (hier die Überschriften der Bibelübersetzung „Hoffnung für alle"): 1. Gott hat andere Maßstäbe, 2. Verführung zum Unglauben, 3. Jesus sucht Verlorene, 4. Einander ermahnen. Nach diesen Unterweisungen ergreift Petrus erneut das Wort und schneidet ein weiteres Thema an: Wie groß soll meine Vergebungsbereitschaft sein?
Die Verse 21f und 35 bilden den Rahmen, der das Thema angibt. Diesen Rahmen füllt Jesus in den Versen 23 bis 34 mit einer veranschaulichenden Beispielgeschichte.

18,21+22. Da fragte Petrus: „Herr, wie oft muss ich meinem Bruder vergeben, wenn er mir Unrecht tut? Ist siebenmal denn nicht genug?" „Nein", antwortete Jesus. „Nicht nur siebenmal, sondern siebzig mal siebenmal." Petrus fragt Jesus, was angemessen ist. Wenn mir einer **Unrecht** tut, wie oft muss ich ihm dann vergeben? Dieses Unrecht muss ganz schön gewaltig sein, wenn Petrus von sich aus schon die Antwort **siebenmal** vorschlägt, was in seinen Augen viel und eigentlich genug ist. Offenbar handelt es sich nicht um einmaliges Unrecht, sondern um gehäuftes – und dann noch von einem **Bruder** angetan (also einem Glaubensgeschwister aus der christlichen Gemeinde).
Siebenmal scheint Petrus ein hohes Maß an Vergebungsbereitschaft zu sein. Doch bei Jesus gilt ein anderer Maßstab. Das Herz eines Christen sollte so groß sein, dass es keine Grenze fürs Vergeben kennt. Immer wieder neu zu vergeben, das zeichnet einen Christen aus: **nicht nur siebenmal, sondern siebzig mal siebenmal.** Gemeint ist nicht, dass Petrus nun exakt 490 Mal vergeben soll, und damit wäre es dann genug. Vielmehr ist dies eine Symbolzahl, die meint: unendlich oft.

18,23-27. „Man kann die neue Welt Gottes mit einem König vergleichen, der mit seinen Verwaltern abrechnen wollte. Zu ihnen gehörte ein Mann, der ihm einen Millionenbetrag schuldete. Aber er konnte diese Schuld nicht bezahlen. Deshalb wollte der König ihn, seine Frau, seine Kinder und seinen gesamten Besitz verkaufen lassen, um wenigstens einen Teil seines Geldes zu bekommen. Doch der Mann fiel vor dem König nieder und flehte ihn an: ‚Herr, hab noch etwas Geduld! Ich will ja alles bezahlen.' Da hatte der König Mitleid. Er gab ihn frei und erließ ihm seine Schulden." Um diese unendliche Vergebungsbereitschaft zu verdeutlichen, greift Jesus zu einer Beispielgeschichte. So nimmt er Petrus an die Hand. Er will ihn dazu bereit machen, nicht nur begrenzt oft, sondern unendlich oft zu vergeben – ganz unabhängig davon, welches Unrecht jemand ihm angetan haben mag. Im **Reich Gottes,** d. h. dort, wo Gottes Maßstäbe gelten, handelt Gott so: Ein König lieh einem seiner Diener ein Darlehen. Am Tag der Abrechnung – vielleicht am letzten Tag des Monats – lädt der König ihn vor, damit er ihm Rechenschaft abliefert und er sein Geld zurückbekommt. Doch sein Diener muss Verlust vorweisen. Und nicht nur ein bisschen, sondern einen **Millionenbetrag.** Um die Größe der Schuld zu realisieren, mache man sich klar, dass der Betrag – im Griechischen mit 10 000 Talenten beziffert – einem Wert von etwa 200 000 damaligen durchschnittlichen Jahresgehältern entspricht, rund 25 Millionen Euro. Zum Vergleich: Das Jahresgehalt des Königs Herodes Antipas betrug etwa 200 Talente, umgerechnet ca. eine halbe Million Euro. Eine unermesslich große Summe hat dieser Diener also in den Sand gesetzt. Die kann er nun nicht zurückbezahlen. Der König pocht verständlicherweise auf sein Recht und will nicht nur ihn, sondern auch seine Frau und seine Kinder als Sklaven verkaufen, dazu allen Besitz, um wenigstens etwas von seinem Geld wiederzusehen. Der unglückliche Verwalter fällt vor ihm auf die Knie und fleht inständig um Geduld. Voller Zukunftsangst verspricht er in seiner ausweglosen Lage sein Möglichstes zu tun, um das Geld zu beschaffen – auch wenn jeder weiß, dass das menschenunmöglich ist.
Doch dann geschieht das Unerwartete: Der König zeigt Milde. Er ist nicht nur geduldig, bis sein Diener das Geld irgendwie zusammenhat, sondern er revidiert sogar seinen Entschluss, denn er empfindet **Mitleid.** Wörtlich steht da: Ihm zieht es die Innereien zusammen. Die Not dieses Mannes geht ihm an die Nieren und zu Herzen, weshalb er Gnade vor Recht walten lässt. „Geh, ich erlasse dir alle deine Schulden! Du bist frei!" Welche Zentnerlast dem Diener da wohl vom Herzen fällt! Unverdiente Gnade. Vom angedrohten Schicksal verschont. Die Zukunft gerettet. Tränen, Jubel, Dankbarkeit!

18,28-30. „Kaum war der Mann frei, ging er zu einem der anderen Verwalter, der ihm einen kleinen Betrag schuldete, packte ihn, würgte ihn und schrie: ‚Bezahl jetzt endlich deine Schulden!' Da fiel der andere vor ihm nieder und bettelte: ‚Hab noch etwas Geduld! Ich will ja alles bezahlen.' Aber der Verwalter wollte nicht warten und ließ ihn ins Gefängnis werfen, bis er alles bezahlt hätte." Hat der Mann aus dem erfahrenen Schuldenschnitt etwas gelernt? Nein! Das gleiche Geschehen – nur in vertauschten Rollen und mit anderem Ausgang. Es geht um einen vergleichsweise **kleinen Betrag** – vielleicht den Tageslohn eines Arbeiters. Dennoch flippt der Verwalter aus. Er wird handgreiflich und macht seinem Schuldner Vorwürfe. Er pocht auf sein Recht: sofort das Geld oder Gefängnis. Und so landet der Mann im Gefängnis, auch wenn dort die Aussichten am unwahrscheinlichsten sind, dass er das geschuldete Geld je auftreiben wird.

18,31-34. „Als nun die anderen sahen, was sich da ereignet hatte, waren sie empört und berichteten es dem König. Da ließ der König den Verwalter zu sich kommen und sagte: ‚Was bist du doch für ein hartherziger Mensch! Deine ganze Schuld habe ich dir erlassen, weil du mich darum gebeten hast. Hättest du da nicht auch mit meinem anderen Verwalter Erbarmen haben können, so wie ich mit dir?' Zornig übergab er ihn den Folterknechten. Sie sollten ihn erst dann wieder freilassen, wenn er alle seine Schulden zurückgezahlt hätte." Zwei so unterschiedliche Verhaltensweisen bei ähnlicher Ausgangslage. Das fällt auch den Augenzeugen auf, und so gehen sie zum König. Nicht um zu petzen, sondern weil sie spüren, dass hier etwas nicht in Ordnung ist. Der König ist schockiert. Er zitiert den Verwalter nochmals zu sich und konfrontiert ihn: „Ich war barmherzig, du aber **hartherzig**. Du hast aus meiner Gnade nichts gelernt. Du hattest nicht solches **Erbarmen** mit dem Mann **wie ich mit dir,** obwohl er dir nur einen vergleichsweise winzigen Betrag schuldete. Darum ziehe ich meine Gnade wieder zurück!" So landet der Verwalter doch noch im Gefängnis – und ist selber schuld. Die Aussicht, je wieder freizukommen, ist gleich null.

18,35. „Auf die gleiche Art wird mein Vater im Himmel euch behandeln, wenn ihr euch weigert, eurem Bruder wirklich zu vergeben." Indem Jesus seine Beispielgeschichte auf Petrus' Ausgangsfrage überträgt, sagt er: „So wird es auch euch ergehen! Lernt von der Barmherzigkeit des Königs!" Der König steht hier für Gott, der Verwalter sind wir – bin ich. „Gott lebt Gnade, und du?", fragt Jesus. Wenn ich erfahre: Gott ist bereit, mir meine Riesenschuld der täglichen Rebellion gegen ihn immer neu zu vergeben – was hindert mich dann daran, diese erfahrene Großzügigkeit an andere weiterzugeben, die mir vergleichsweise Geringes schulden?
Die Hauptschuld des Menschen gegenüber Gott könnte man mit Undankbarkeit bezeichnen. Er erschafft mich, überschüttet mich mit Gutem, schenkt mir zuletzt auch seinen Sohn. Und ich ignoriere ihn allzu oft! Wenn ich mir Gottes ungeheuerliche Vergebungsbereitschaft vor Augen halte, die seinem Sohn Jesus das Leben gekostet hat (entspricht dem Millionenbetrag in der Geschichte), wie kann dann mein Herz hart bleiben gegenüber dem, der mir Unrecht tut? Was wiegt im Vergleich dazu das Unrecht, wenn ich z. B. von jemandem angelogen werde? Wenn wir nicht auch vergeben, gehen wir sehr leichtfertig mit Gottes Vergebung um.
Die beiden Männer in dem Beispiel sind von Beruf Verwalter. Wir sind wie sie Verwalter der Gnade Gottes. Maßstab in Sachen Vergebung ist immer Gottes Umgang mit meiner Schuld, nicht die Größe des Unrechts, das mir angetan wurde, oder mein angekratzter Stolz, meine verletzten Gefühle oder ... Daher: Der Christ, der unversöhnlich bleibt, d. h. sich nicht an Gott orientiert und seinem Mitchristen die Vergebung verweigert, der katapultiert sich selbst aus der Beziehung zu Gott heraus, weil er auf sein Recht pocht und sich zum Maßstab setzt – anstatt Gott. Darum braucht er nicht zu hoffen, dass ihm vergeben ist. Wenn ich meinem Bruder Gleiches mit Gleichem zurückzahle, vergilt auch Gott mir bei der Abrechnung am Ende der Tage Gleiches mit Gleichem. Wer angesichts der Barmherzigkeit Gottes nicht auch barmherzig wird und wer angesichts der Vergebungsbereitschaft Gottes nicht auch vergeben lernt, hat die Gnade Gottes verscherzt. Und verscherzte Gnade bedeutet Gottes Zorn im Gericht.
Nun mag man einwenden, dass es demgegenüber aber durchaus Verse in der Bibel gibt, die von Gottes Vergebung als felsenfester Tatsache reden (vgl. Mi 7,19: „Er wirft unsere Sünden ins tiefste Meer", oder Paulus in Eph 1,7: „Denn durch sein Blut, das er am Kreuz vergossen hat, sind wir erlöst, sind unsere Sünden vergeben"). Matthäus – und mit ihm auch der Hebräerbrief, der Jakobusbrief und die Offenbarung – betonen den Aspekt, dass das eigene Handeln bei Gott durchaus noch mal eine Veränderung bewirken kann. Sie sind also sekundär konditioniert. Johannes, Paulus u.v.a. hingegen machen die bedingungslose Vergebung Gottes stark. Wir haben in der Bibel diese zwei Pole, die beide ihre Berechtigung haben. Vielleicht kann man es so sagen: Der eher Selbstsichere sollte sich durch Matthäus warnen lassen, der eher Verzagte sollte sich durch Paulus gewiss machen lassen.
Matthäus geht es zum einen um die Vergebung, die Gott mir gewährt **(Vergib uns unsere Schuld),** zum anderen, dass ich aus der erfahrenen Vergebung Konsequenzen für das eigene Handeln meinem Nächsten gegenüber ziehe **(wie auch wir vergeben unseren Schuldigern).** Das **unseren** zeigt, dass ich nicht allein stehe, sondern mich mit meinem Erleben neben andere stellen kann.

Vergib uns unsere Schuld: Wenn ich erkenne, wie Gott ist, erkenne ich auch, wie ich in Wirklichkeit vor ihm bin: schuldig. Jeder Mensch ist schuldig vor Gott, da ist keiner, der sündlos leben könnte. Durch das Christwerden ändert sich das Verhältnis zu Gott: Mensch und Gott sind aufeinander bezogen. Es geschieht eine Zuwendung und Annäherung zwischen dem Vater und mir.
Doch leider ist sie nie vollkommen. Denn auch wer Christ ist, muss zugeben, dass er nach wie vor Dinge tut, die Gott

nicht gefallen, und wendet sich damit von ihm ab. Und wer an Menschen schuldig wird, ist automatisch immer auch schuldig vor Gott. Denn der andere ist Gottes Eigentum, an dem ich mich vergreife. Erst im Himmel werden Gott und Mensch vollkommen und permanent aufeinander bezogen und zusammen sein. Bis dahin bleibt diese Vaterunser-Bitte aktuell. Das Gottesverhältnis und das Menschenverhältnis muss immer wieder bereinigt und geklärt werden.

Bekommen wir es hin, gerade auch mit den Dingen zum Vater zu kommen, von denen wir wissen, dass sie ihn nicht freuen? Es gibt eine Vielzahl an Bibelversen, die dazu einladen und die enorme Vergebungsbereitschaft Gottes ausdrücken. Lassen Sie sich folgende Verse auf der Zunge zergehen:

- „Wenn wir aber unsere Sünden bekennen, dann erfüllt Gott seine Zusage treu und gerecht: Er wird unsere Sünden vergeben und uns von allem Bösen reinigen" (1 Joh 1,9).
- „Alle sind Sünder und haben nichts aufzuweisen, was Gott gefallen könnte. Aber was sich keiner verdienen kann, schenkt Gott in seiner Güte: Er nimmt uns an, weil Jesus Christus uns erlöst hat" (Röm 3,23+24).
- „Das ist mein Blut ... Es wird zur Vergebung ihrer Sünden vergossen" (Mt 26,28).
- „Mit eurer Schuld habt ihr mir zu schaffen gemacht. Und trotzdem: Ich werde euch alles vergeben – aus freien Stücken. Ich werde alles Böse für immer vergessen" (Jes 43,24+25).
- „Eure Schuld und alle euren Sünden habe ich euch vergeben. Sie sind verschwunden wie Wolken, wie Nebelschwaden in der Sonne. Kommt zurück zu mir, denn ich habe euch erlöst!" (Jes 44,22).
- „Er wurde blutig geschlagen, weil wir Gott die Treue gebrochen hatten; wegen unserer Sünden wurde er durchbohrt. Er wurde für uns bestraft – und wir? Wir haben nun Frieden mit Gott! Durch seine Wunden sind wir geheilt" (Jes 53,5).
- „Berge mögen einstürzen und Hügel wanken, aber meine Liebe zu dir wird nie erschüttert, und mein Friedensbund mit dir wird niemals wanken. Das verspreche ich, der Herr, der dich liebt!" (Jes 54,10).
- „Er machte sich auf den Weg und ging zurück zu seinem Vater. Der erkannte ihn schon von Weitem. Voller Mitleid lief er ihm entgegen, fiel ihm um den Hals und küsste ihn" (Lk 15,20).

Von dieser Gewissheit lebt ein Kind Gottes: Die Vergebungsbereitschaft des Vaters ist unendlich. Mein Vertrauen ihm gegenüber kann und soll darum größer sein als jeder Zweifel an seiner Liebe. In Jesus sehen wir, dass die Gnade des Vaters immer größer ist als alle unsere Schuld. 2 Kor 5,21: „Denn Gott hat Christus, der ohne jede Sünde war, mit all unserer Schuld beladen und verurteilt, damit wir freigesprochen sind und Menschen werden, die Gott gefallen." Christus trägt meine Sünde. Paulus betont: Nie wird der Vater sein Kind von seinem Schoß werfen. Er hält mich bei sich. Matthäus dagegen wirkt strenger, weil er mit dem Gericht droht und der Möglichkeit, aus der Gnade wieder herauszufallen.

Wer Sünde seinem Gott nicht abgibt, dem fehlt die Freude am Christsein. Doch wie nicht bekannte Sünde Freude verhindert, zieht Sünde, die ich bekenne, Freude an Gott und neue Motivation in der Nachfolge nach sich. Denn ich erlebe den Gott, der mich trotzdem liebt und mir vergibt.

Diese Gnade in Anspruch zu nehmen, kann durchaus Überwindung kosten, zumal wenn ich immer wieder mit derselben Schuld zum Vater kommen muss. Doch viel schwerer erweist es sich, den 2. Teil dieser Vaterunser-Bitte zu leben: **wie auch wir vergeben unseren Schuldigern.** Lesen Sie dazu bitte die direkte Fortsetzung des Vaterunsers aus Mt 6,14+15: „Euer Vater im Himmel wird euch vergeben, wenn ihr den Menschen vergebt, die euch Unrecht getan haben. Wenn ihr ihnen aber nicht vergeben wollt, dann wird euch Gott eure Schuld auch nicht vergeben."

Jesus greift nachträglich diese eine Bitte aus dem Vaterunser heraus, um sie zu vertiefen. Dieser 2. Teil der fünften Vaterunser-Bitte scheint ihm für seine Gemeinde so wichtig zu sein, dass er sie noch einmal thematisiert und unterstreicht. Wir Menschen handeln miteinander oft nach dem Gesetz: „Wie du mir, so ich dir." Doch in der Gemeinde Gottes muss gelten: „Wie Gott mir, so ich dir." Wie sich Gott mir zuwendet, so wende ich mich anderen zu. Weil er mir vergeben hat, darum vergebe ich anderen. Jesus fasst es komprimiert in Lk 6,36 zusammen: „Seid so barmherzig wie euer Vater im Himmel!" Das sollte selbstverständlich sein. Es geht nicht zusammen, selber von Gott Barmherzigkeit empfangen zu wollen und gleichzeitig anderen gegenüber hart zu bleiben.

Und doch: Gott koppelt seine Vergebungsbereitschaft an meine Vergebungsbereitschaft. Er knüpft seine Vergebung an die eine Bedingung, dass ich dieselbe Größe habe wie er und anderen ebenso barmherzig begegne, wie er mir begegnet ist – und das immer wieder, nicht nur siebenmal, sondern unendlich oft! Dieser Gott behandelt mich, wie ich andere behandle. Und zur Not – sosehr es gegen seine ursprüngliche Absicht und sein eigentliches Wollen steht – nimmt er seine Vergebung nachträglich zurück, wenn ich mich nicht an ihm orientiere und mir nicht ihn zum Maßstab meines Umgangs mit meinen Schuldigern nehme. Das heißt: Ich habe es selber in der Hand, wie Gott mit mir umgeht und ob mir vergeben ist.

Wir bitten Gott im Vaterunser: **Und vergib uns unsere Schuld** und bekräftigen im gleichen Atemzug: **wie auch wir vergeben unseren Schuldigern.** Warum knüpft Jesus im Vaterunser das eine so eng an das andere? Zwei Antworten:

- Zum einen, weil gewährte Vergebung die Voraussetzung ist, um Gemeinde Jesu leben zu können. Ohne Vergebungsbereitschaft ist es unmöglich, Gemeinde zu sein, d. h. gemeinsam zu beten, gemeinsam nach außen zu wirken und Menschen zur Gemeinde einzuladen, einander zurechtzuweisen – all die Dinge, um die wir in den ersten drei Vaterunser-Bitten bitten. Erst wenn ich Liebe aufbringe, werde ich als Christ glaubwürdig und kann wirklich sagen: „Vater *unser*". Erst dann spiegle ich etwas vom Reich Gottes wider.
- Zum anderen, weil es Jesus wichtig ist, dass nicht unsere Emotionen uns leiten, sondern das Neue des Glaubens: die erfahrene Gottesliebe. Vergebung ist darum weniger eine Sache der Gefühle, sondern eine Willensentscheidung, die ich aus dem Glauben an Jesus heraus treffe. Die Gefühle folgen dem Willen nach, nicht umgekehrt! Erst so wird es auch möglich, was Jesus z. B. in Mt 5,44f fordert: „Liebt eure Feinde und betet für alle, die euch verfolgen! So erweist ihr euch als Kinder eures Vaters im Himmel."

Ein Rat: Wann immer ich an die Person erinnert werde oder ihr begegne, die mir Unrecht angetan hat, und Rachegelüste, Wut, Zorn usw. aufkommen, dann segne ich die Person im Namen Jesu. Und wenn es dennoch schwerfällt zu vergeben? Das Heilen von Wunden kann nicht befohlen werden; tiefe Wunden brauchen Zuwendung und Pflege. Der erste Schritt hin zur Vergebung ist die Einsicht: Was ich verdränge, kann ich nicht vergeben; was ich ignoriere, kann nicht heilen. Darum steht am Anfang eines Heilungsprozesses das Eingeständnis mir selbst gegenüber, dass ich verletzt bin. Ein zweiter Schritt ist dann nicht, die Wunden zu lecken und in Selbstmitleid zu zergehen, sondern dass ich mir Hilfe hole. Ich suche mir jemanden, dem ich vertraue und der bereit ist, mit mir gemeinsam die Wunden meiner Seele anzuschauen und mit mir über das Vorgefallene und über meine Verletzungen zu reden. Das kann je nach Schwere der Verletzung ein guter Freund sein, ein Seelsorger, bis hin zu einem professionellen Therapeuten. Erst ganz am Ende dieses Heilungsprozesses steht dann die Konfrontation mit dem Verursacher meiner Wunden. Das muss immer das Ziel bleiben, dass ich meinem ärgsten Feind gegenübertrete und ihm verzeihe. Denn der Gefangene ist nicht der andere, sondern bin in Wirklichkeit ich. Bedenken Sie: Wenn Sie jemanden in die Gefängniszelle des Grolls und des Hasses sperren, müssen Sie immer vor der Tür sitzen, um ihn zu bewachen. Wir haben nie Ruhe, wir haben nie frei und sind damit nicht frei. Doch unser Vater möchte uns nicht nur heilen, sondern frei machen.

Wer also nicht vergeben will, zahlt einen hohen Preis:

1. Mitmenschlich: Beziehungen bleiben zerstört, und mitunter vereinsame ich.
2. Körperlich: Von Menschen, über die wir uns ärgern, sagen wir: „Der nervt!" Ich muss mir immer klarmachen, wessen Nerven da leiden.
3. Geistlich: Gott nimmt seine Vergebung, die er mir gewährt hat, wieder zurück.

9 Die sechste Vaterunser-Bitte: „Führe uns nicht in Versuchung, sondern erlöse uns von dem Bösen."

MATTHÄUS 11,1-6

Einstieg
15–20 Minuten
Wählen Sie bitte eine oder zwei Fragen aus.

1. Was ist in Ihren Augen Versuchung? Suchen Sie bitte andere Begriffe dafür! Welche Nuancen ergeben sich?

2. Was versucht Sie?

3. Wie definieren Sie „böse"?

4. Wie stellen Sie sich ein Gefängnis vor? Kennen Sie jemanden, der schon mal ins Gefängnis musste? Was erzählt er oder sie? Und welche Unterschiede gibt es wohl zwischen einem Gefängnis heute und einem zur Zeit Jesu?

5. Glaube ist keine Absicherung gegen Unglück, Krankheit oder andere schwierige Erfahrungen. Welche sogenannten „Schicksalsschläge" mussten Sie schon verkraften? Was gab Ihnen dabei Kraft oder Halt?

Wenn der Glaube aus dem Gleichgewicht gerät

Matthäus 11,1-6: 1 Nachdem Jesus seinen zwölf Jüngern diese Anweisun-
gen gegeben hatte, zog er weiter, um die Menschen in den Städten des
Landes zu lehren und ihnen die rettende Botschaft zu verkünden. 2 Jo-
hannes der Täufer saß zu der Zeit im Gefängnis und hörte dort von den
Taten Jesu Christi. Er schickte seine Jünger mit der Frage zu Jesus: 3 „Bist
du wirklich der Retter, der kommen soll, oder müssen wir auf einen an-
deren warten?" 4 Jesus antwortete: „Geht zu Johannes zurück und erzählt
ihm, was ihr hört und seht: 5 Blinde sehen, Gelähmte gehen, Aussätzige
werden geheilt, Taube hören, Tote werden wieder lebendig, und den Ar-
men wird die rettende Botschaft verkündet. 6 Und sagt ihm: Glücklich ist
jeder, der nicht an mir Anstoß nimmt."

Matthäus 6,13 (L): „Und führe uns nicht in Versuchung, sondern erlöse uns von dem Bösen."

Bibelgespräch
30–45 Minuten
Wählen Sie ggf. unter den Fragen aus.

1. Was könnte Johannes durch den Kopf gegangen sein, als seine Jünger zurückkommen und ihm die Antwort Jesu ausrichten (besonders V. 6)?

2. Johannes hört von vielen Wundern, die Jesus tut. Heute sind Wunder eher umstritten. Wie werden sie heute erklärt? Wie können wir heute mit Menschen über Jesu Wunder reden? Erleben Sie Wunder?

3. Was ist Ihrer Meinung nach der Unterschied zwischen Zweifel und Unglaube?

4. Können Sie nachvollziehen, dass Gott der Verursacher von Leid sein kann? Fügt Gott uns Leid zu? Schlagen Sie dazu folgende Bibelstellen nach: 1 Sam 1,6 + 2,6; 2 Kön 15,5; Ps 46,9f; Jes 45,6f; Am 3,6; Offb 6,1. Was denken Sie?

5. Die Bibel erzählt mehrere Versuchungs-Geschichten. Wie wird im Vergleich dazu heute meist von Versuchung geredet?

6. Worin sehen Sie den Unterschied zwischen „das Böse“ und „der Böse“?

7. Diese letzte Vaterunser-Bitte redet von Gott als dem Erlöser. Machen Sie sich klar, wie er uns erlöst hat und was noch kommen wird? Und wenn unsere Aussicht ist, dass unser Vater uns einst endgültig erlösen wird, wie wird das sein? Wie malen Sie sich den Himmel aus?

Austausch und Gebet
15–30 Minuten

1. Das Wort „Anfechtung“ (im Griechischen dasselbe Wort wie Versuchung) birgt in sich das Verb „fechten“, es findet also ein Kampf statt. Müssen Sie momentan fechten? Werden Sie vielleicht angegangen durch eine Diagnose, die Sie niederdrückt, durch eine Sorge, durch schlimme Erlebnisse, durch Menschen? Wer oder was lässt Sie zurzeit weinen?

2. Wie möchten Sie zukünftig mit Schicksalsschlägen umgehen? Ergeben Sie sich in Ihr Schicksal? Oder kämpfen Sie dagegen an? Oder ...? Was würden Sie anderen raten?

3. Kennen Sie Situationen aus Ihrem Leben, in denen Sie gezweifelt haben, dass Gott es gut mit Ihnen meint? Was haben Sie in solchen Zeiten der Krise gemacht? Erzählen Sie Ihrer Gruppe davon, wenn Sie die innere Freiheit dazu haben.

4. Glauben Sie, dass Sie letztlich nie tiefer fallen als in Gottes Hand? Wenn nein, was müsste sich ändern, dass Sie dies so sagen könnten?

5. Viele berichten, dass sie im Nachhinein durchaus erkennen konnten, dass eine Leiderfahrung auch Ihren Sinn hatte. Können Sie es nachvollziehen, dass Menschen in ihrer Gottesbeziehung Tiefgang erfahren haben durch Not? Haben Sie selber Ähnliches zu berichten?

6. Böses geht nicht nur immer von anderen aus. Auch in uns Christen ist manchmal viel Böses. Was könnte sich ergeben, wenn Sie eine Zeit lang bewusst Folgendes beten? „Vater, hilf mir zu durchschauen, wo ich in der Gefahr stehe, anderen zu schaden, anderen übel mitzuspielen, anderen das Leben zur Hölle zu machen. Zeig mir, wo ich in der Gefahr stehe, Böses mit Bösem zu vergelten, anstatt den Kreislauf des Bösen mit Gutem zu durchbrechen."

7. Jesus flüchtet sich in Krisenzeiten ins Gebet. Tragen Sie in Ihrer Gruppe Leiderfahrungen zusammen! Denken Sie dabei an eigene Nöte. Denken Sie an Nöte aus Ihrem persönlichen Umfeld wie Familie, Freunde, Kollegen. Berücksichtigen Sie auch Menschen und aktuelle Konflikte weltweit. Steht etwas im Wege, jetzt gemeinsam zu beten, dass Gott Situationen und Verhältnisse ändern möge?

8. Wir erliegen dem Bösen auch dort, wo wir das Gute nicht tun, obwohl wir es könnten. Man nennt dies Unterlassungssünde. Erinnern Sie sich an eine entsprechende Situation?

Erläuterungen

Zusammenfassung: Jesus bereitet seine Jünger in Kapitel 10 auf ihren ersten Missionseinsatz in seinem Auftrag vor. Sie sollten selbst Erfahrungen im Predigen, Heilen, Lehren sammeln. Sie sollten erleben, wie Gott für sie sorgt, wie er Situationen für die Gute Nachricht öffnet. In Kapitel 11 sind die Jünger unterwegs, d. h., Jesus ist allein. Nun kommt es zu einer Begegnung zwischen Jesus und den Jüngern eines anderen Wanderpredigers. Dies wird Folgen haben.

11,1. **Nachdem Jesus seinen zwölf Jüngern diese Anweisungen gegeben hatte, zog er weiter, um die Menschen in den Städten des Landes zu lehren und ihnen die rettende Botschaft zu verkünden.** Jesus hatte seinen zwölf Jüngern Anweisungen gegeben über das Was und das Wie, wenn sie nun ohne ihn für eine bestimmte Zeit unterwegs sein würden. Er gab ihnen einen Missionsauftrag und die Vollmacht zur Erfüllung dieses Auftrags, doch nicht ohne auf Gefahren hinzuweisen und auch auf Ablehnung und Anfeindung vorzubereiten. Nun sind sie losgegangen. Und auch Jesus zieht weiter. Vielleicht nimmt er denselben Weg wie seine Jünger und zieht ihnen hinterher, doch das muss nicht sein. Sein Ziel sind die Orte Galiläas um den See Genezareth herum. Auch dort will er den Menschen vom himmlischen Vater erzählen. Die Heilsbotschaft, dass Gott ihr liebender Vater ist, bringen seine Jünger und er unters Volk.

11,2. **Johannes der Täufer saß zu der Zeit im Gefängnis und hörte dort von den Taten Jesu Christi. Er schickte seine Jünger mit der Frage zu Jesus.** Szenenwechsel: Wir befinden uns im Gefängnis. Johannes der Täufer ist inhaftiert. Dieser Johannes trägt den Beinamen **der Täufer,** weil die Taufe sein Markenzeichen war. Auch andere gingen umher, predigten, prangerten gesellschaftliche und religiöse Missstände an. Doch Johannes predigte nicht nur, sondern vergewisserte die Menschen in ihrem Entschluss der Umkehr zu Gott durch die Zeichenhandlung des Untertauchens (vgl. Mt 3,1-12). Johannes' Ziel war, dass ihr Glaube sich auch an ihrer Lebensführung ablesen lässt. Wer sich taufen ließ, sagte damit: „Ich will in Zukunft so leben, dass es Gott gefällt."
Auch Jesus wurde von Johannes getauft (vgl. Mt 3,13-17). Dabei machte Johannes eine besondere spirituelle Erfahrung, denn er hörte plötzlich – wie alle anderen Umherstehenden auch – Gottes Stimme vom Himmel: „Dies ist mein geliebter Sohn, der meine ganze Freude ist." Johannes kannte Jesus schon sehr lange, er war dessen Cousin (vgl. Lk 1).
Inzwischen ist aus Johannes „dem Täufer" Johannes „der Knastbruder" geworden. Er hat sich mit König Herodes angelegt. Sein **Gefängnis** ist auf der Burg Machärus, hoch auf einem Hügel erbaut, nicht weit weg vom Toten Meer. Er hatte König Herodes ins Gesicht gesagt: „Du tust Unrecht! Deinem Bruder hast du die Frau ausgespannt. Und jetzt lebst du mit ihr zusammen. Herodias nennt sie sich, um zu zeigen, dass sie nun zu dir gehört. Lächerlich! Denn sie ist nach wie vor die Frau deines Bruders Philippus und mit ihm verheiratet. Gott gefällt euer Tun nicht! Darum Herodes: Tu Buße und kehre um!" (vgl. Mt 14,3+4).
König Herodes lässt diesen Störenfried gefangen nehmen und – zum Nachdenken, welchen Respekt man seinem König schuldet – auf seiner Burg inhaftieren. Wie lange Johannes dort ist und wie die genauen Haftbedingungen waren, wissen wir nicht. Doch dieser Aufenthalt endet tödlich (vgl. Mt 14,10-12).
Mit der Zeit gerät Johannes in einen inneren Konflikt. Er versteht die Welt und Gott nicht mehr: Hat er sich nicht für seinen Gott eingesetzt? Hat er nicht gesagt, was von Gott her richtig ist? Er ist nicht einmal davor zurückgeschreckt, dem bösen Machthaber Herodes sein falsches Tun vor Augen zu halten. Und was ist der Dank dafür? Gefängnis! Aus dem Weg geräumt! Leben: in Gefahr! Solche Fragen und Ängste nagen an Johannes. „Kümmert dich, Gott, nicht, was mit mir ist? Warum lässt du das zu? Warum greifst du nicht ein?"
In dieser zerrissenen Situation **hört** er von den **Taten Jesu:** dass Jesus Wunder vollbringt, sich um innere und äußere Wunden der Menschen kümmert, Kranke heilt, Tote auferweckt u. v. m. Doch Johannes kann sich nicht so richtig mitfreuen. In ihm tut sich der innere Zwiespalt nur noch weiter auf: einerseits ein gewisse Freude über diese göttlichen Zeichen Jesu, andererseits eine tiefe Enttäuschung über die eigene frustrierende Lage. Und die Fragen bohren weiter: „Warum tut Gott bei mir kein Wunder? Wenn einer, dann habe doch ich es verdient! Was bringt es mir, wenn woanders tolle Dinge passieren, bei mir sich aber nichts tut?" So nagt der Zweifel an Gottes Wohlwollen mehr und mehr.
Da fasst Johannes den Entschluss, seine Jünger – wie viele es waren, wissen wir nicht – zu Jesus zu schicken mit einer ganz bestimmten **Frage.** Schon einmal hatte er seine Jünger zu Jesus geschickt, weil er eine Frage zum rechten Verhalten hatte (vgl. Mt 9,14ff). Nun hat Johannes keine Frage zur Ethik, sondern eine für ihn existenzielle Frage, von deren Antwort für ihn einiges abhängt. Er erhofft sich, wieder Klarheit zu bekommen über Gottes Plan mit sich und seinem Auftrag, und auch Klarheit über Jesus und dessen Auftrag:

11,3. **„Bist du wirklich der Retter, der kommen soll, oder müssen wir auf einen anderen warten?"** Johannes wendet sich in seiner Zerrissenheit an den, über den er so viel Wunderbares gehört hat. Bisher hatte er in ihm durchaus mehr gesehen als einen gewöhnlichen Menschen: den **Retter,** den von Gott versprochenen Messias. Schon im Alten Testament war angekündigt worden, dass einer kommen würde wie König David, der das Reich Israel wieder aufrichten würde. Johannes setzt – wie viele andere – seine Hoffnung auf Jesus und erwartet, dass er die verhassten Römer aus dem Land wirft – und mit ihnen die, die mit den Römern gemeinsame Sache machen. Z. B. König Herodes, der dann nicht mehr König bleiben würde. Er erwartet von Jesus einen Befreiungsschlag. Dann käme Johannes wieder frei. Dann könnte er seinem Auftrag der Umkehr-Verkündigung wieder nachkommen. Und vielleicht denkt er sogar: „Dann könnte ich es König Herodes heimzahlen!"

Doch die Überzeugung, dass Jesus dieser Retter ist, dass Jesus die Macht zu einem Befreiungsschlag hat, bröckelt bei Johannes, je länger, je mehr. Denn er selbst erlebt ja nichts von Jesu Macht. Er erlebt nur schmale Kost, miserable hygienische Zustände, Schikane durch Soldaten und Ähnliches mehr. Darum schreit er: „Jesus, wann zeigst du deine Macht? Wann zeigst du es den Römern und auch Herodes? Wann befreist du mich?" Johannes' Geduld ist zu Ende. Sein Glaube gerät aus dem Gleichgewicht. Darum hinterfragt er Gott: „Ich war dir treu, bist du mir nun untreu?" Er kann kaum mehr in Gott den liebenden, den fürsorgenden Vater sehen. Er fühlt sich von ihm verlassen und verraten. Er zweifelt: „Habe ich auf den Richtigen gesetzt?" Das Böse greift nach ihm.

11,4+5. Jesus antwortete: „Geht zu Johannes zurück und erzählt ihm, was ihr hört und seht: Blinde sehen, Gelähmte gehen, Aussätzige werden geheilt, Taube hören, Tote werden wieder lebendig, und den Armen wird die rettende Botschaft verkündet." Jesus antwortet auf Johannes' krisenhafte Frage nicht mit einem Wort des Trostes oder der Stärkung. Sondern er schickt Johannes' Jünger zu ihrem Meister zurück mit dem Auftrag, ihm zu erzählen, was er schon weiß. Sie sollen ihn erneut hinweisen auf all das, was Jesus tut. Merkwürdig! Jesus ist sich anscheinend sicher, dass Johannes in der Formulierung, die er wählt, erkennt, was bei Jesaja über den Messias steht. Johannes kannte vermutlich die biblischen Schriften. Und er kennt den Propheten Jesaja (Jes 35,5+6; 61,1). Jesus will den schwankenden Johannes wieder auf sicheren Boden stellen und ihn versichern, dass er tatsächlich der versprochene Retter ist – auch wenn er das ganz anders ist, als Johannes und die vielen es von ihm erwarten. Die Jünger sollen also erzählen, was sie selbst miterlebt haben: dass Jesus heil macht, Gottes Heiland ist. Dass Jesus Frieden in die Herzen bringt, Gottes Friedensbringer ist. Dass selbst der Tod seine Beute nicht behalten kann, wenn Jesus es befiehlt. Und ganz außergewöhnlich: dass Jesus der Mann der kleinen Leute ist, denen auch die frohe Botschaft des liebenden Vaters gilt. Wunder über Wunder!

11,6. „Und sagt ihm: Glücklich ist jeder, der nicht an mir Anstoß nimmt." Nun fügt Jesus noch etwas hinzu, das speziell für Johannes bestimmt ist und über das hinausgeht, was Jesaja vorausgesagt hat. Er fordert ihn auf: „Überwinde deine Zweifel! Bleib nicht bei deinen Ängsten stehen, sondern indem du auf mich schaust, lerne neu deinem Gott zu vertrauen! Lass dich aus dem Loch der Fragen herausreißen durch die Antworten, die ich gebe! Nimm meinen Blick ein und sieh das, was ich tue! Lass dich nicht zum Bösen verleiten!"

Glücklich ist dabei weniger emotional gemeint, sondern ein Zustand des festen Vertrauens, dass Gott es letztlich gut machen wird und einen Plan verfolgt. Dies ist erreichbar, indem Johannes nicht an Jesus zweifelt, sondern seine Augen lenken lässt auf das, was Jesus tut. Damit sagt Jesus: „Es ist nicht so sehr entscheidend, dass du erlebst, wie Gott bei dir speziell eingreift, sondern schau aufs Ganze! Lass dir dein Bild von Gott und was er tun müsste zurechtrücken von mir! Nicht deine Erwartungen an Gott sind der Maßstab, sondern Gott hat seinen Plan."

Jesus fordert Johannes heraus, seinem Gott zu vertrauen, ohne dessen Eingreifen bei sich persönlich zu erleben. Das Ergebnis – ob Johannes dieses Glück erfährt oder vollends verzweifelt – wird nicht berichtet. Doch zu vermuten ist, dass er durch den weiten Blick Jesu neues Vertrauen in seinen Gott und seinen Plan lernt – und auch in Jesus und seinen Auftrag. So kann er getrost und ohne böse Gedanken leben und auch sterben.

An keiner Stelle macht Jesus dem zweifelnden Johannes Vorwürfe oder verdammt ihn gar. Das zeigt: Zweifeln ist durchaus menschlich und okay. Doch sich mit ihnen abzufinden, das ist nicht okay. Deshalb nimmt Jesus Johannes mit auf den Weg, damit er seine Zweifel überwindet. Denn Zweifel gebären leicht böse Gedanken, auch Rachegelüste, bis hin zu möglichen bösen Taten. Jesus will Johannes hineinführen in das Glück eines blinden Glaubens. Obwohl er im Moment nichts von Gottes Macht sieht, fühlt und erlebt, soll Johannes seine Hand in Gottes Hand legen und neu darauf vertrauen lernen, dass erstens: Jesus der verheißene Messias ist, auch wenn bisher so manches dagegenspricht; und dass Gott zweitens einen Plan mit Johannes hat, auch wenn er ihn bisher nicht versteht, und ihn vielleicht auch nie verstehen wird.

In der Doppelbitte des Vaterunsers „Führe uns nicht in Versuchung, sondern erlöse uns von dem Bösen" wird erneut der Vater angerufen. Um zwei Dinge bitten wir ihn, die miteinander zusammenhängen – die beiden Bitten verhalten sich zueinander wie zwei Seiten einer Medaille: Die erste berührt das innere Erleben von Zweifel, die zweite das äußere Erleben von Not, das Zweifel in uns hervorrufen kann. Wir bitten Gott also mit der ersten Hälfte, dafür Sorge zu tragen, dass Leiderfahrungen uns nicht so

sehr aus dem Gleichgewicht werfen, dass wir an der Liebe des Vaters verzweifeln müssen und dann selbst böse werden und Böses tun. Mit der zweiten Hälfte bitten wir, dass Gott dem Bösen wehren möge, sodass uns erst gar kein Leid trifft. Er soll die Macht des Bösen eindämmen.
Damit ist klar, dass es vorrangig nicht um intellektuellen bzw. erkenntnistheoretischen Zweifel geht, sondern um emotionalen bzw. existenziellen Zweifel, hervorgerufen durch Leiderfahrung.

Eine weitere Person aus der Bibel, die zweifelt, ist Petrus (vgl. Mt 14,22-33). Als er und die Jünger ohne Jesus im Boot in einen Sturm geraten, kommt ihnen Jesus auf dem Wasser entgegen. Da lässt sich Petrus von Jesus herausfordern, zu ihm aufs Wasser zu kommen. Und Petrus kann tatsächlich auf dem Wasser gehen! Doch sobald er von Jesus wegschaut, hin zum Wind und den Wellen, da ist er hin- und hergerissen zwischen göttlichem Zuspruch und der bedrängenden Realität, sein Herz wird zwiespältig, und er beginnt zu sinken. Jesus greift nach ihm und sagt: „Du Kleingläubiger, warum hast du gezweifelt?“ (Mt 14,31; L).
Im Alten Testament begegnet uns Hiob, der immenses Leid erleben muss. Er zeigt seine ganze Verzweiflung, indem er den Tag seiner Geburt verflucht (Hiob 3,3). Trotz allem widersteht er, selber Böses zu tun. Ebenso der Prophet Jeremia, dem viel Unrecht widerfährt. Auch er verflucht den Tag seiner Geburt (Jer 20,14) und ist wiederholt sehr nahe daran, an seinem Gott zu verzweifeln. Doch er wendet sich immer wieder an seinen Gott und weiß sich letztlich von ihm gehalten, sodass er nicht selbst Böses tut. Auch Abraham könnte verzweifeln über der Zusage Gottes, Vater vieler Völker zu werden, und der Tatsache, dass er älter und älter wird, ohne einen Nachkommen zu erhalten. Röm 4,18b-20: „Gott versprach Abraham: ‚Deine Nachkommen werden so zahlreich wie die Sterne am Himmel sein, und du sollst zum Stammvater vieler Völker werden.‘ Abraham glaubte diesen Worten, obwohl alles dagegensprach. Denn er selbst war fast hundert Jahre alt, und auch seine Frau Sara konnte in ihrem hohen Alter nach menschlichem Ermessen keine Kinder mehr bekommen. Doch sein Glaube wurde nicht erschüttert, er zweifelte nicht und vertraute Gottes Zusage. Sein Glaube wurde dadurch gestärkt, er gab Gott die Ehre.“ Und was ist mit seiner Verzweiflungstat, dass er mit Saras Magd ein Kind zeugt, weil Sara ja scheinbar unfruchtbar war und er nicht glaubte, dass Gott ihm mit ihr ein gemeinsames Kind schenken würde (vgl. 1 Mo 16,1-4)?

Zweifel kann also beschrieben werden als ein innerer Zustand der Zerrissenheit bzw. eine Haltung, in der ich mich nicht ganz auf Gott und seine Möglichkeiten einlasse oder nicht von seiner Güte überzeugt bin. Darum der bildhafte Vergleich in Jak 1,6: „Denn wer zweifelt, gleicht den Wellen im Meer, die vom Sturm hin- und hergetrieben werden.“
Zweifel, die genährt werden, führen entweder zur Verzweiflung, d. h. zu Resignation und Depression, oder sie führen zur Aggression, d. h. zur bösen Tat. Es gibt also die Kette: Leiderfahrung – Zweifel – Verzweiflung – böse Gedanken – böse Tat. Gott möchte diese Kette unterbrechen. Darum der Rat in Jud 22: „Kümmert euch liebevoll um alle, die im Glauben Zweifel haben.“ Dass uns Leid widerfährt, dagegen können wir nichts machen, denn das Böse bzw. der Böse hat Macht. Noch herrscht er, und manchmal könnte man meinen, er sei der Stärkere. Doch es ist ein letztes Aufbäumen, denn Gott hat den Teufel bereits mit Kreuz und Auferstehung besiegt. Aber dass Gott seinen Sieg auch vollstreckt, das steht noch aus. Leiderfahrungen sollen uns nicht an der Güte und Liebe des Vaters zweifeln lassen, sondern im Leid sollen wir näher zu Gott rücken, d. h. zu ihm fliehen.
Wie kann man aus der Zerrissenheit herauskommen?

Doch vorher noch die Frage: Wer versucht mich denn? Wir bitten ja den Vater: „Führe uns nicht in Versuchung.“ In der Bibel finden wir Beispiele, wie Gott das Vertrauen und den Glauben von Menschen auf die Probe stellt. Da ist Abraham, der seinen Sohn Isaak opfern soll (vgl. 1 Mo 22). Gott verlangt von Abraham, dass er seinen Sohn Isaak binden und opfern soll, weil Abraham sich an Gott binden und ihm bedingungslos glauben soll. In dieser Zerreißprobe muss Abraham sich entscheiden, ob er diesem Gott weiterhin nachfolgen will, auch wenn er ihn nicht mehr versteht.
Doch Abraham ist nicht der Einzige, der von Gott versucht wird. Gott stellt sich z. B. einem Jakob in den Weg und kämpft mit ihm eine ganze Nacht lang (vgl. 1 Mo 32,23-32).
Hier ist es jeweils Gott, der versucht. Bei Hiob aber kommt Satan zu Gott und fragt, ob er Hiob versuchen und auf die Probe stellen darf. Gott lässt dies zu. Er ist es, der dem Teufel den Spielraum lässt, innerhalb dessen er versuchen darf. Im ersten Schritt darf Satan Hiob seinen Besitz und seine Kinder wegnehmen, nur Hiob selbst darf er nicht antasten (Hiob 1,6-22). Im zweiten Schritt erlaubt Gott es Satan, auch Hiob selbst etwas anzutun, nur ihn nicht zu töten (Hiob 2,1-10). Gott setzt den Rahmen, innerhalb dessen Satan wüten darf. Gott erlaubt es, er hätte auch Nein sagen können. Doch sein Ziel ist von Anfang an, Hiobs festen Glauben herauszustellen (Hiob 1,8 + 2,3). Und am Ende ist Hiobs Vertrauen in Gott nur noch weiter gefestigt (Hiob 42,1-4).
Auch Jesus wurde von Satan versucht (vgl. Mt 4,1-11).
In Jak 1,13f wird formuliert: „Niemand, der in Versuchung gerät, kann behaupten: ‚Diese Versuchung kommt von Gott.‘ Denn Gott kann nicht vom Bösen verführt werden, und er verführt auch niemanden zum Bösen. Es sind viel-

mehr unsere eigenen selbstsüchtigen Wünsche, die uns immer wieder zum Bösen verlocken.“ Wer versucht nun also? Gott, Satan, unsere Begierden? Ganz genau lässt sich das wohl nie auseinanderklamüsern.
Weiterhelfen kann Folgendes: In 2 Sam 24,1 wird gesagt: „Der Herr wurde zornig über die Israeliten. Darum verleitete er David dazu, sie ins Unglück zu stürzen. Er brachte den König auf den Gedanken, eine Volkszählung durchzuführen.“ Dagegen steht über dieselbe Begebenheit in 1 Chr 21,1: „Satan wollte Unheil über Israel bringen; deshalb brachte er David auf den Gedanken, eine Volkszählung durchzuführen.“ Dasselbe Ereignis, aber jeweils unterschiedliche Urheber? Die Lösung kann diese sein: Geht es in der Bibel um die Allmacht Gottes, wird Gott als Verursacher des Leids geschildert. Geht es um Gottes Güte, wird ein Dualismus Gott – Satan beschrieben und der Satan als Verursacher geschildert. Geht es aber um die Verantwortung des Menschen gegen die Sünde wie im Jakobusbrief, wird der Mensch in seinen Möglichkeiten beschrieben.

Doch noch wichtiger als die Frage nach dem Urheber des Leids ist: Wie gehen wir damit um, wenn wir eine Leiderfahrung machen müssen? Martin Luther prägte das Motto: Im Leid müssen wir an Gott gegen Gott glauben. Wenn ich Gott nicht mehr verstehe, wenn er mir fremd wird, wie kann ich mich auf ihn verlassen? Indem ich es ernst nehme: „Ich verlasse mich.“ Auf den Vater zu vertrauen heißt, sich zu verlassen – von sich wegzusehen und alles von diesem Gott zu erwarten.
Ein Witz, der das auf humorige Weise verdeutlicht: Zwei Freunde helfen einander beim Autocheck. Der eine setzt sich ans Steuer zu den Lichtschaltern und beauftragt den anderen zu schauen, ob die Lichter funktionieren. Zuerst kommt das Abblendlicht. „Geht“, sagt er von hinten. Dann kommt das Bremslicht. Wieder ist von hinten zu hören: „Geht.“ Zum Schluss kommt noch der Blinker, worauf der Freund hinter dem Auto irritiert sagt: „Geht, geht nicht, geht, geht nicht ...“
Keiner kommt beim Blinker auf die Idee, ihn nicht zu verwenden, nur weil er zwischendurch dunkel ist. Natürlich geht er, auch wenn er gerade nicht leuchtet. Wie beim Blinker gehören auch zu unserem Leben Zeiten, in denen von Gott nichts zu sehen ist. So daneben es ist, den Blinker angesichts einer Dunkelphase für defekt zu erklären, so falsch wäre es, das Vertrauen auf Gott und seine Zusagen in einer Dunkelphase infrage zu stellen – oder gar den Kontakt ganz abzubrechen. In Zeiten der Dunkelheit sollen wir glauben – an Gott gegen Gott. Im Vertrauen, dass er uns letztlich beschenkt.
Wenn ich leide, muss ich von dem Gott wegschauen, der mir fremd ist, und fliehen hin zu dem Gott, der in Jesus seine Liebe und sein wahres Gesicht zeigt. Weg vom verborgenen Gott, hin zum offenbaren Gott. Weg vom Leid, angesichts dessen ich Gott nicht mehr verstehe, hin zum Kreuz, dem Ort, an dem Gott seine Liebe in unüberbietbarer Weise zeigt und selbst das Leid erträgt. Weg vom Allmächtigen, hin zum liebenden Vater. Diese Fluchtbewegung macht das Leben als Christ aus. Sie fordert Glaube und Vertrauen.
Auf unseren Bibeltext bezogen: Johannes soll nicht auf sein Leid starren und verzweifeln, sondern den Blick zu Jesus heben und schauen, was er tut. Wir haben den Vorteil, dass wir noch weiter sehen als Johannes, d. h. Gottes Liebeserweis in Jesu Kreuz kennen.
Wenn Leid bzw. der unverständliche Gott unseren Blick gefangen nehmen, zweifeln wir und drohen unterzugehen. Demgegenüber will Jesus, Gottes Liebe in Person, unsren Blick gefangen nehmen – und so haben wir Halt. An Gott gegen Gott glauben!
Das heißt aber auch, dass ich gegen meine Erfahrung glauben darf und muss. Ich erlebe einen Gott, der mich scheinbar nicht liebt. Aber vertrauen soll ich einem Gott, der in Jesus gezeigt hat: „Ich habe dich so sehr lieb, dass ich sogar meinen einzigen Sohn für dich hergebe.“ Manchmal erleben wir diese fehlende Übereinstimmung von zugesagtem Leben und erfahrener Wirklichkeit. Genau das ist Versuchung. Und wenn ich so versucht bin, aber weiterhin an Gott glauben und ihm vertrauen will, dann kann ich nur eins: anstatt zu verstummen, diesem Gott mein Leid zu klagen. Und das soll ich! Wir sollen klagen, weil wir wissen, dass Gott uns liebt und uns helfen will. Denn das hat er versprochen (Ps 50,15): „Wenn du keinen Ausweg mehr siehst, dann rufe mich zu Hilfe! Ich will dich retten, und du sollst mich preisen.“ Diesen Vers dürfen wir nehmen und ihn Gott unter die Nase reiben und ihn darauf festnageln. An Gott gegen Gott glauben schließt die Klage mit ein.
Und das wird so lange bleiben, bis Jesus wiederkommt. Dann erst heißt es (Offb 21,4): „Er wird alle ihre Tränen trocknen, und der Tod wird keine Macht mehr haben. Leid, Klage und Schmerzen wird es nie wieder geben; denn was einmal war, ist für immer vorbei.“ Dann erst sind wir erlöst von allem Bösen. Darum ist diese Vaterunser-Bitte: „Erlöse uns von dem Bösen“ immer auch die Bitte: „Komm bald, Herr Jesus!“ Er hat schon das Böse besiegt, aber seinen Sieg noch nicht vollends durchgesetzt. Solange Jesus noch nicht wiedergekommen ist, werden wir Leiderfahrungen machen und womöglich auch zweifeln. Doch wir dürfen beten: „Du bist Herr, erweise dich auch als Herr über alles Böse.“ Das können wir in fester Gewissheit beten, weil Jesus der Auferstandene ist. Mitten in der Welt des Bösen ist an Ostern Neues entstanden. Der Tod als die höchste Verdichtung des Bösen ist besiegt. Darum beten wir, dass Jesus kommt, um das Böse endgültig zu besiegen.
Doch bis Jesus wiederkommt, bleibt unser Glaube angefochten, bleiben wir in der Zerreißprobe. Doch es gilt

auch, was Paulus sagt (1 Kor 10,13): „Was eurem Glauben bisher an Prüfungen zugemutet wurde, überstieg nicht eure Kraft. Gott steht zu euch. Er lässt nicht zu, dass die Versuchung größer ist, als ihr es ertragen könnt. Wenn euer Glaube auf die Probe gestellt wird, schafft Gott auch die Möglichkeit, sie zu bestehen." Gott kennt uns, und er weiß, was er uns zumuten kann.

Das ist Gottes Ziel mit uns: Wenn wir Leiderfahrungen machen und ins Zweifeln kommen, dann will er unseren Blick ausfüllen und unser Vertrauen neu anfachen, damit eine vertiefte Liebesbeziehung entsteht. Damit wir nicht dem Zweifel erliegen und verzweifeln, woraus böse Gedanken, böse Taten und evtl. auch die Absage an Gott, der Unglaube folgen können. Darum will Jesus Johannes dahin führen, dass er im Gefängnis sagen kann: „Ich überlasse mich meinem Gott. Ich überlasse ihm meine bösen Gedanken über Herodes. Ich überlasse ihm die Rache. Ich will nicht Gleiches mit Gleichem vergelten, sondern das Böse mit Gutem überwinden" (vgl. Röm 12,21).

Im Vertrauen, dass Gott diese Doppelbitte erhören wird, sollen wir die Sache Gottes vorantreiben und zu seiner Ehre leben, d. h. seinen Namen heiligen, für sein Reich leben, seinen Willen tun. Doch wenn wir zweifeln, sind wir nicht frei für Gottes Sache. Wir sind zu sehr mit uns beschäftigt. Darum beten wir: „Führe uns nicht in Versuchung, sondern erlöse uns von dem Bösen" – und freuen uns auf Gottes Zukunft, wenn er alles gutgemacht haben wird, wenn er alles Böse und den Bösen endgültig beseitigt hat.

Das Vaterunser im Überblick

Gebetsart	Formulierungs-merkmal	Gebetstext	Struktur	Inhalt
Anrede		Vater unser im Himmel.		Danke, Gott, dass du mich als dein Kind adoptiert hast und ich nun Papa zu dir sagen darf. Ich sitze auf deinem Schoß, du bist mir ganz nahe.
Bitte	Dein	1. Geheiligt werde dein Name.	Gottes Herzensanliegen in drei Variationen – was er mit mir und durch mich tun will: die Rettung der Menschen und ihr Leben als Gerettete zu seiner Ehre	Ich will durch mein heiliges Leben deinem Namen alle Ehre machen. Zeige mir durch deinen Heiligen Geist, wie ein heiliges Leben aussieht.
Bitte	Dein	2. Dein Reich komme.		Durch die Begegnung mit dir bin ich Teil deines Reiches geworden. Als Dank will ich nun anderen zu einer Begegnung mit dir verhelfen, damit auch sie Teil deines Reiches werden.
Bitte	Dein	3. Dein Wille geschehe wie im Himmel so auf Erden.		Ich will deinen Willen beherzigen, dass alle von dir erfahren sollen – auch wenn mir das Nachteile bringen sollte. Dazu will ich offen sein für das Reden deines Heiligen Geistes, wie er mich in der jeweiligen Situation führt.
Bitte	Uns	4. Unser tägliches Brot gib uns heute.	Drei Voraussetzungen, um die sich Gott kümmern soll, damit ich mich gut für sein Herzensanliegen (s.o.) einsetzen kann	Ich will dir zutrauen, dass du mir gute äußere Lebensumstände schenkst.
Bitte	Uns	5. Und vergib uns unsere Schuld, wie auch wir vergeben unseren Schuldigern.		Ich will mit dir im Reinen sein und auch meinen Teil dazu beitragen, dass ich in ungetrübter Beziehung zu meinen Nächsten lebe.
Bitte	Uns	6. Und führe uns nicht in Versuchung, sondern erlöse uns von dem Bösen.		Ich will von dir erwarten, dass du mir keine Leiderfahrung zumutest, die mich so sehr aus deiner Nähe bringt, dass ich mich vom Bösen anstecken lasse.
Anbetung		Denn dein ist das Reich und die Kraft und die Herrlichkeit in Ewigkeit. Amen.		Weil du an Ostern begonnen hast, dein Reich aufzurichten, indem du Auferstehungskraft gezeigt hast, weil du auch heute noch kraftvoll zu deinem Reich rufst und weil deine ewige Herrlichkeit dein Ziel mit mir ist, bete ich dich jetzt schon an.

Notizen

Gordon D. Fee und
Douglas Stuart

Effektives Bibelstudium

Die Bibel verstehen und auslegen

384 Seiten, gebunden
ISBN 978-3-7655-0602-4

„Die Bibel – ein Buch mit sieben Siegeln? Dieses altbekannte Vorurteil wird auf jeder Seite dieses Buches widerlegt. Bibellesen wird spannend, wenn man die Texte richtig versteht und weiß, wie sie auszulegen und anzuwenden sind. Was hat der Text seinen ursprünglichen Lesern gesagt? Und was bedeutet er für uns heute? Um diese zwei Fragen zu beantworten, muss man wissen, was für einen Text man vor sich hat: Ein Gedicht ist kein historischer Bericht, und ein historischer Bericht ist kein für alle Zeiten verbindlicher Gesetzestext. Evangelien, Gleichnisse, Offenbarung – ‚Effektives Bibelstudium' stellt die verschiedenen Textgattungen der Bibel vor und zeigt anschaulich, wie sie zu verstehen sind. Das Buch, das man braucht, um die ‚sieben Siegel' der Bibel zu brechen – damit Bibellesen Freude bringt und nicht in die Irre führt."

Otto Ziegelmeier auf theology.de